大展好書　好書大展
品嘗好書　冠群可期

大展好書　好書大展

品嘗好書・冠群可期

陳式太極拳 ⑯

陳氏太極拳習拳要點全解

劉勇 著

大展出版社有限公司

序 言

　　2020年12月17日，中國太極拳成功列入人類非物質文化遺產代表作名錄，蘊含著東方文化精髓的太極拳進一步得到世界認可。

　　太極拳既是歷史的，也是當代的；既是民族的，也是世界的。17世紀中葉發源於黃河岸邊陳家溝的太極拳，世代傳承，不斷創新。在陳氏太極拳的基礎上發展出多個流派，並在過去300多年間傳播至中國各地，為各族人民守護、傳承、弘揚和共用，進而在全世界產生廣泛而深遠的影響。

　　太極拳申遺成功是中國太極拳傳承與發展過程中的里程碑。守護、傳承和弘揚好這一文化遺產，需要更多的仁人志士共同努力，才能讓文化遺產真正「活」起來。作為陳氏太極拳的第十二代傳承人，劉勇老師30多年來始終致力於守護、傳承和弘揚太極文化和太極拳，弟子、學生遍及世界各地，為太極文化的推廣做出了卓越的貢獻。

　　劉勇老師不但太極拳打得好，而且對太極文化的研究和領悟也達到了很高的境界。中國太極文化的淵源，最早可追溯到三皇五帝時期，在之後漫長的幾千年裡，太極文化被廣泛應用到中國各個歷史時期的思想、哲學、醫學、兵法、政治等各個領域。可以說，中華文明與太極文化有著不可分割的聯繫。

　　學習太極文化，既是通曉和傳承中華文明，也是加強自我修煉的重點。《易經・繫辭上》說：「一陰一陽之謂道，繼之者善也，成之者性也。」太極生態本身就是道，我們修煉太極拳，最終目的是順應社會發展，修身養性，保持一種平和的心態，回歸到和而不同的世界本源。

　　劉勇老師就是一位將太極文化融入自己身體、生命與靈魂中的踐行者，他用太極哲學和太極智慧來悟人生、悟天地、悟萬物，詮釋著太極文化的精髓所在。

　　太極拳是中國優秀傳統文化的標識，是中華民族獻給世界人民的禮物。太極拳是以太極哲理為依據，汲取傳統養生和技擊智慧而編創的一種武術，是中國優秀傳統文化由裡及外的形體表達，既能增強體質，又能修身養性。集文化、健康、武術三種屬性於一體的太極拳，向全世界傳遞著中華民族的文化精髓，讓所有人共用古老東方的體育實踐。

太極是道，拳是術。博大精深的太極文化孕育了太極拳。太極拳是集頤養性情、強身健體、技擊對抗等多種功能為一體，內外兼修，柔和、緩慢、輕靈、剛柔相濟的傳統拳術，深受廣大民眾的喜愛。現在，越來越多的人開始學習和演練太極拳，也有越來越多的太極拳愛好者亟須得到更加系統化、規範化、標準化的指導。劉勇老師《陳氏太極拳習拳要點全解》一書的出版發行，必將對正在學習和演練太極拳的廣大朋友有極大啟迪和幫助。

岳 慶 平

（北京大學歷史系教授、博士生導師）

前 言

中華武術有著悠久的歷史，最早可以追溯到商周時期，具有極其廣泛的群眾基礎，是中國勞動人民在長期的社會實踐中不斷積累和豐富起來的一項寶貴的文化遺產。

明代是中華眾多武術門派出現和發展的鼎盛時期，造就了一大批武林高手。特別是明末清初，更是中國武術集大成的時代，陳氏太極拳就誕生在這個時代的河南溫縣陳家溝。

陳氏第九世孫陳王庭博採眾家拳術精華，結合易學陰陽五行之理，吸納傳統中醫經絡學說及傳統導引、吐納之術，創造了一套具有陰陽相合、剛柔相濟的新型拳術——陳氏太極拳。

經過數百年的發展，太極拳已經傳遍全球，成為世界級非物質文化遺產。全世界有數以億計的太極拳愛好者在習練太極拳，並從中受益。太極拳已成為全人類共同參與的「世界第一健康運動」，被國外太極

拳愛好者譽為「中國送給世界最好的禮物」。

學拳，需讀書明理。只有正確掌握太極拳的習練要領，抓住太極拳一招一式的運行規律和要點，才能真正理解和領會太極拳的精髓，這也是學習和練習太極拳的關鍵。

傳承技藝，啟迪後學，是太極拳傳承人的職責所在。應廣大太極拳愛好者的要求，結合我追隨恩師陳正雷先生30多年來太極拳研習和教學工作中的心得，針對廣大拳友習拳過程中遇到的各種問題，編寫了這本《陳氏太極拳習拳要點全解》，以期對廣大太極拳愛好者學習陳氏太極拳有所幫助。

感謝中央文史館書畫研究員、著名書法家王德恭先生為本書題寫書名，感謝北京大學歷史系教授、博士生導師岳慶平先生為本書作序，感謝張泓冰先生協助整理書稿，感謝張曉輝先生為本書拍攝插圖，也感謝聶天明先生、張錦輝先生、高玉蓮女士、唐偉建先生、陳誠若女士對本書的編輯出版給予支持。

劉　勇

目　錄

第一章

陳氏太極拳
手型的要求和運用

第一節　手型要求

　　習練太極拳離不開手型的變化，陳氏太極拳的手型在拳術中以靈巧、手法變化多和應用廣泛而著稱。

　　陳氏太極拳的基本手型有三種，即拳（圖1）、掌（圖2）、勾手（圖3）。

圖 1

圖 2

圖 3

一、拳

四個手指向手心彎曲、合攏,輕握在掌心,然後大拇指輕輕壓在中指和食指的結合處,形成一個虛拳。拳頭不要全部握實,要留有一絲空隙,彷彿拳心裡能拉一根線出來,自然握好。(圖4)

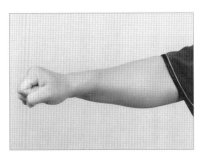

圖 4

要注意分清拳的幾個組成部分：拳心(圖5)、拳背(圖6)、拳面(圖7)和拳眼(圖8)。握住的是拳心;掌的背面叫拳背;手指併攏,外側叫拳面;食指與大拇指交叉形成的眼是上拳眼,小手指握攏後形成的眼是下拳眼。

圖 5

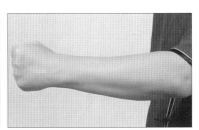

圖 6

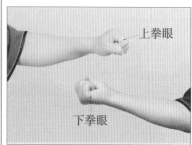

上拳眼

下拳眼

圖 8

圖 7

　　在練習太極拳的過程中，拳有很多種變化，拳面朝前、拳背朝上是平拳（圖9），上拳眼朝上是立拳（圖10），拳背朝下是砸拳（圖11），下拳眼朝外是崩拳（圖12）。平拳、立拳、砸拳、崩拳是四種基本的拳型。另外，還有護心拳、撇身拳等，都是我們在練習的過程中要學習和掌握的。

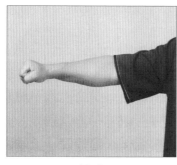

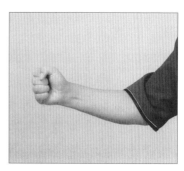

圖 9

圖 10

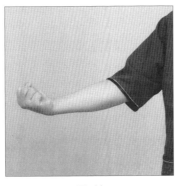
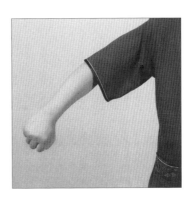

圖 11　　　　　　　　　圖 12

二、掌

太極拳以掌法為主，一般的要求是五指自然伸展而微屈，四指自然併攏，形成似攏非攏，似開非開，毫無用力之意，拇指和四指自然分開，虎口鬆弛，掌心虛，呈窩形，手掌、手指鬆舒而不用力，這種掌型俗稱瓦楞掌（圖13）。

圖 13

什麼叫瓦楞掌？這種掌形有點像瓦，四指自然伸直，小手指的指根和大拇指的指根有相對呼應的意思，四個手指頭自然豎直，就像古代的瓦片，是一個很平緩的弧形，不要上挺，也不要把它過分地捏起來，保持自然狀態，這就叫瓦楞掌。

掌也分成幾種變化，第一是立掌（圖14），手腕下坐，指尖朝上，手掌自然豎直立起來，打拳的時候立掌運用得很多。

第二種是仰掌（圖15），就是掌心朝上或朝向斜上

圖 14

圖 15

圖 16

方，就像頭仰起來。這種掌形運用得也很多，比如「閃通背」，向上穿掌就是仰掌。

　　第三種是俯掌（圖16），掌心向下就是俯掌。比如「六封掌四閉」往下按，就是俯掌。俯掌運用得也多，凡是心朝下就是俯掌。

　　第四種就是橫掌，把掌橫過來，橫掌也是一種掤勁練習方式。「金剛搗碓」上步就是用的橫掌，還有很多動作兩手分開的時候也是用的橫掌。

　　立掌、仰掌、俯掌、橫掌這四種掌形在拳式練習中是交替變化的，要在練習中充分加以理解和掌握。

三、勾　手

　　勾手是先把大拇指、食指、中指這三個手指合好，大拇指是在食指和中指中間的位置捏好，不要捏在食指上，也不要完全捏在中指上，正好捏在食指和中指的中間，把虎口撐圓，無名指和小手指自然靠攏合住，向裡勾，手腕

圖 17

背部向上隆起，這就是勾手。（圖17）

　　勾手時手腕不要勾「死」，要注意放鬆，不要過分用力，否則形成僵腕，影響血液循環；也不要往外仰，向下5到15度，向下、向上還留有空間，讓它可以進行變化。

　　勾手在拳術裡面有單鞭勾手，叫右勾手。斜行向下的是左勾手，還有閃通背，是從上向下再向後勾手。老架二路裡面的倒騎龍，是墊步勾手，向後勾手等。

　　勾手在拳術裡面有很多種變化，運用也是很靈活的，所以我們要在學習中加以理解。

　　以上介紹了陳氏太極拳三種手型的要求，即拳的要求、掌的要求和勾手的要求，在練習中把這些要求加以運用和掌握，這是我們要學習的重要內容。

第二節　手型運用

一、拳型在套路招式中的運用

1.「掩手肱拳」打出的是平拳。我們在打「掩手肱拳」的時候，開始把拳虛握好，拳心向上，經由蹬腿轉腰旋胯，旋轉拳面，把這個拳面打出來，形成拳面朝前、拳背朝上的平拳。（圖18）

圖 18

圖 19

2.「當頭炮」打
出的是立拳。(圖19)

3.「裹鞭」
用的是砸拳。
(圖20)

圖 20

4.「青龍出水」用的是崩拳。（圖 21）

圖 21

　　在練習的過程當中，一定要掌握好拳心、拳背、拳面、拳眼的各種變化，掌握好這些變化，才能把動作做得比較完整、正確。

二、掌型在套路招式中的運用

1.「懶紮衣」動作的右手就是一個典型立掌。做立掌的時候要使掌根向下「坐」，手指自然向上豎直，注意小指的指根和大拇指的指根要有微微相合之意，但不要把這個相合做得太明顯，有相合之意就可以了。（圖22）

圖 22

　　2. 從「懶紮衣」到「六封四閉」，這是一個典型的掌形變化的動作。開始右掌為立掌（圖23），接著兩掌心向下就變成了俯掌（圖24），接下來右掌心向上成為仰掌，左掌心繼續保持俯掌（圖25），然後兩掌掌心相對合住，再變成兩個掌心向下的俯掌（圖26）。在這組連續動作中，就包含了三種掌形的變化。

圖 23

圖 24

圖 25

圖 26

3.「金剛搗碓」招式中左手有一個橫掌動作（圖27）。

一定要注意，不要把這個橫掌隨意劃過去，要把橫掌的形狀做出來，然後再往前撩出，這樣才能把這個動作完全表現出來。

圖 27

三、勾手在套路招式中的運用

1.「單鞭」定式動作的右手就是一個勾手。（圖28）

圖 28

2.「斜行」中有一個左手勾手的動作，做這個動作時先有一個左手俯掌下按的動作（圖29），按到左膝蓋外側以後，再上提形成勾手（圖30）。

圖 29

圖 30

圖 31

3.「閃通背」這個勾手是左掌先由上向後下方走，當左掌過了身體左膝蓋位置的時候，手開始向上勾，形成後勾手。（圖31）

4.「倒騎龍」也有一個向後發力的勾手動作，這個勾手是瞬間向後擊打的動作。（圖32）

圖 32

上面介紹了陳氏太極拳中拳、掌、勾的要求和運用。太極拳實際上就是在千變萬化的動作中運行，拳、掌、勾都有非常多的變化。瞭解了這些最基本的要領，可以幫助我們在練拳過程中理解掌握拳術的變化。

第二章

陳氏太極拳
步型、步法的要求和要領

陳氏太極拳的步型有馬步、弓步、虛步、仆步、歇步和獨立步六種基本步型，還有平行步、並步、蓋步、躍步等等。

第一節　基本步型及要求

一、馬　步

上體正直，兩腿平開，兩腳間距約三個腳掌的長度，兩腿屈膝下蹲，兩膝外掤內合，膝蓋不能超過腳尖，沉胯斂臀，襠呈圓弧形，含胸塌腰，虛靈頂勁，立身中正。重心偏右為右偏馬步（圖33），重心偏左為左偏馬步（圖34）。

圖 33　　　　　　　　　　　圖 34

　　「懶紮衣」是一個右偏馬步動作（圖35），重心在右
腿，要把右腳外開，把左腳裡合前勾，這就叫實腿虛腳、
虛腿實腳。

　　整個動作要求屈膝鬆胯，可以做成四六開，也可以做
成三七開。

圖 35

「單鞭」是一個左馬步動作（圖36），重心在左腿，左腳外開，右腳裡合前勾。動作可以做成三七開或四六開，重心六七分在左腿，三四分在右腿。

圖 36

馬步開步是大還是小，要根據練習者個人情況而定。年輕體健者，馬步可以開得大一些，這樣有利於下盤的穩固，但這樣的話對體力的要求會高一些。年長體弱者，馬步可以開得小一些，這樣可以減少下盤負重，增加靈活性。

二、弓　步

兩腳前後站立（前腿向前45度方向開步），前腿屈膝，膝尖不得超過腳尖；後腿微屈，兩腳尖斜向前方，重心偏於前腿。右勢同左勢，但方向相反。做左弓步，右腳要裡合。重心在左腿，重心三七開。

1. 左弓步：

左腿為實，右腿為虛；實腿膝蓋與腳跟上下相對，方向與腳尖對照；虛腿腳尖內扣；膝關節微屈，屈中有直。重心三七開（或四六開），實腿為七分，虛腿為三分。鬆胯屈膝，襠要開圓，既外開又內合，有「開中有合，合中有開」之意。「斜行」動作是一個左弓步。（圖37）

圖 37

2. 右弓步：

右腳為實，左腿為虛；其他要求與左弓步相同，只是方向相反。（圖38）

圖 38

三、虛　步

虛步要求前腿虛，後腿實，虛實分明。要把身體的主要力量放在支撐腿上，虛步占三分。兩腿均屈膝，兩腳跟之間的縱向、橫向距離均為一隻腳左右。後腳踏實支撐體重；前腳腳掌虛點地面，腳跟離地。

1. 右虛步：

左腿支撐，屈膝，腳掌踏實；右腳向前，腳尖著地，腳跟抬起，呈右前虛步。

做右虛步的時候，重心在左腿，把右腳從腳尖的位置伸出一腳的距離，用前腳掌著地。右腳雖然是虛的，但不是全虛，要踩上兩分勁。「金剛搗碓」抬腿發力之前就是一個右虛步。（圖39）

圖 39

2. 左虛步：

動作要領同右虛步，唯方向相反。「白鶴亮翅」的定式動作就是左虛步。（圖40）

圖 40

四、仆　步

兩腳著地，一腿屈膝全蹲，另一腿伸直，呈仆步。仆步是太極拳基本步法中較低的一個步法，是下身法。兩腿左右分開，兩腳距離為腳長的四至五倍，一腿屈膝全蹲，膝部與腳尖外展；另一腿伸直平仆，接近地面。

1. 右仆步：

左腿屈膝下蹲，身體重心在左腿；右腿伸直下仆，右腳全腳掌著地，呈右仆步。（圖41）

圖 41

2. 左仆步：

動作要領同右仆步，唯方向相反。（圖42）

圖 42

　　老架一路、新架一路中的「擺腳跌岔」「雀地龍」及老架二路裡的「頭伏虎」等有仆步動作。仆步練習時要把重心腳向外打開，前腳要裡合或者上勾，控制好身體的重心。

五、歇　步

　　兩腿交叉靠攏全蹲，一隻腳全腳著地，腳尖外展；另外一隻腳前腳掌著地，膝部靠於前小腿外側，臀部接近右腳跟處。左腿在下為左歇步，右腿在下為右歇步。練習的時候，一定注意控制好重心，身體下坐時，小腿與支撐腿的膝蓋不要太遠，也不要太近，近了就把腿頂住了；兩腳交叉蓋過以後，以一個手指在膝蓋與另一條小腿之間能夠自由滑動為宜，這樣做仆步的時候就會比較自如。

1. 右歇步：

　　右腳向前上步，落於左腳的左前側，腳尖外擺；左腳跟抬起，隨之兩腿屈膝下蹲，呈右歇步。（圖43）

圖 43

2. 左歇步：

動作要領同右歇步，唯方向相反。（圖44）

六、獨立步

一腿直立支撐身體，另一腿屈膝提起，形成獨立勢。凡是單腿獨立招式都是獨立步，獨立步在拳式中運用較多，如「金雞獨立」「蹬一跟」「十字腳」等。獨立步可分為左獨立步（圖45）和右獨立步（圖46）兩種。

圖 44

圖 45

圖 46

第二節　基本步法及要求

　　陳氏太極拳基本步法有開步、上步、退步三種。太極拳有「手領身隨步法活」之說，說明了太極拳步法的重要性，學練者應多加體會。

一、開　步（橫開步）

　　身體向左側或右側橫開一步為開步，向左側橫開一步為左開步（圖47），向右側橫開一步為右開步（圖48）。

圖 47

圖 48

【動作要領】

（以左開步為例）右腿屈膝鬆胯，支撐身體重心，左腿提起向支撐腳內側垂直平分線方向蹬出，開步大小約兩肩寬，腳跟內側著地。此過程注意：身體配合向出腿的反方向旋腰轉胯，雙臂亦隨腰轉，與左腿相對於身體中心呈左右、上下對稱展開。

當腳跟內側著地，落腳腳尖要注意上翹內合，左腿伸展，但不僵直。此時落腳為虛，不承載身體的重量。隨著身體繼續向右旋腰轉胯，左腳踏平，由虛漸漸變實，左腿成為支撐腿；右腳由實漸漸變虛。

【注意】

當左腿提膝時，左側身體上起，那麼就意想右腿支撐腿側向下，形成上下對稱平衡。當左腿伸腿時，頭上領勁不可丟，右腿支撐腿意想向下紮根，形成上下對稱拔長。

【要點】

1. 注意體會身體立身中正，支撐重心腿的胯、膝、踝、腳尖要在一個面上。

2. 體會在出腿過程中上下、左右、前後的對稱平衡。

3. 提膝時，重心高低要保持平穩，但意想重心下沉，這樣和提膝有一個意識上的對稱勁，注意提膝時身體重心不要做出真的下沉或身體重心上起。開步時，支撐腿繼續屈膝鬆胯，降低身體重心，然後開步，這樣開步才能輕靈穩健，虛實分明。

4. 落腳時注意要虛要輕，腳須上翹裡扣，腳跟內側著地，膝蓋勿僵直，胯要沉住。

二、上　步

後腿向身體斜前方開步為「上步」。（圖49）

圖 49

【動作要領】

1. 以左弓步為預備式，身體左轉，左腿進一步屈膝，鬆胯，左腳外擺、踏實，右腿進一步蹬伸，但要注意胯、膝不可僵直。此時，左腳支撐身體重心，右腳虛。

2. 提右腳，右腳向右前方開步，右腳跟內側先著地，腳尖上翹裡扣，膝關節不要僵直，右胯沉住。

3. 左腿繼續屈膝，鬆胯，左腳由支撐腳變為虛腳，右腳外擺、踏實，成為支撐腳。

4. 蹬左腿，左腿由屈變伸，重心向右腿方向移動，右腿由伸變屈，身體右轉，呈右弓步。

5. 身體繼續微右轉，右腿進一步屈膝，鬆胯，右腳向右擺、踏實，左腿進一步蹬伸，但要注意胯、膝不可僵直。此時，右腳支撐身體重心，左腳虛。

6. 提左腳，左腳經過右腳內側向左前方開步。如此連續上步。

【要點】

1. 注意上步腳不要離地過高，大致高度以不超過支撐腳踝關節高度為宜。注意上步腳一定要經過支撐腳內側後向斜前開步，上步要穩，落步要輕，上步與落步中間不可停頓，立身要中正。

2. 提腿上步，一定待重心都支撐於另一腿後，方可提膝邁步，這樣提膝時，腿為虛，收至支撐腳內側後，無論是進、退、橫開，都很方便，不要在重心虛實還沒分清楚之前，就蹬後腿上步。

三、退　步

前腿向身體斜後方開步為「退步」。（圖50）

圖 50

【動作要領】

1. 以右弓步為預備式，蹬右腿，左腿屈膝，鬆胯，身體後坐。

2. 繼續蹬右腿，左腿繼續屈膝，鬆胯，身體左轉，左腳尖以右腳跟為軸裡扣，身體重心都支撐在左腿上。

3. 右腳提起，經過支撐腳內側向右後方開步，腳尖先著地。此時，重心仍然支撐在左腳上，右腳為虛。

4. 左腿膝蓋回收，使左小腿垂直地面，同時右腳以腳掌為軸向裡躍。

5. 身體向左轉正，左腳以腳跟為軸隨腰轉裡扣，呈左弓步。

6. 退左步與退右步要領相同，唯方向相反。如此連續退步。

【要點】

除了注意上步要點外，還要注意眼神的正平視、在左右旋腰轉胯過程中的左右顧盼。

第三節　步法要領

一、起落要輕靈

這是步法的核心功夫。掌握好輕起輕落、點起點落、緩起緩落的步法原則。

既要把握「貓步」中輕靈、柔和、敏捷、無聲無息、「軟著陸」的特點，又要領會「邁步如臨淵」時，思想高度集中，謹慎小心，輕緩、窺探，隨時可以收回、邁出。同時，還應勻速、連貫、綿綿不斷。否則，不僅會影響步法的任意互換，還會影響氣血的正常運行。

二、落腳的方位要準確

落腳的方位準確是檢驗拳式規範的一個重要標誌。因此，每個動作都應按照基本要求，把腳落到應落的位置。

準則是「四正四隅」，即東、西、南、北4個正方向為基本方位；東北、東南、西南、西北4個與正東、正西方向線形成45度夾角的中間方位，為斜方向。

所以說，關於步法的落腳點是需要明確的，不能隨意地擺動自己身體的幅度，要注重一個「穩」字。既符合人體機理活動規律，又能使動作變換自如。因此，行拳時必須朝上述4個正方向前進、後退，或某個斜方向斜進、斜退，不可偏離。如失於準確，則會造成「差之毫釐，謬以千里」的錯誤。

三、提腳的高度要適中

原則是「進步宜低，退步宜高」。低是貼近地面，高為不超過踝骨。這就應特別注意步法轉換時擺胯的高度要適中，並保持一致，不能過高過低，忽高忽低。同時還應注意「上步腳跟鏟地，退步腳尖先行」的原則。也就是說，進步時，前進腳腳跟先著地，然後逐漸平穩過渡到全腳踏實；退步時，後退腳腳尖先落地，然後逐漸平穩過渡到全腳踏實。

側行步（橫移步）時，前腳掌內側先著地，然後逐漸平穩過渡到全腳踏實。還有，提腳的高度適中，是為了做好虛實轉換，讓自己的重心隨之調整。

四、兩腳間要保持一定的橫向距離

間距的寬窄，應以便於身體重心轉換為原則。也就是說，不論進步或退步，要使身體重心盡可能在很短的時間

內，由原來的支撐腳轉換到另一腳。

一般的橫向間距是：虛步為20～30公分，弓步約30公分（野馬分鬃同肩寬），馬步為本人2～3腳長。前後兩腳一定不能站在一條直線上，或左右交叉繞步。並步時，兩腳平行，間距10～30公分，呈小開步，不可靠得很緊，或呈「八」字形。

五、步幅大小要恰當

步子大，進退擺放不能隨機應變，容易被動失勢；步子小，不利於塌腰，落胯，內氣下沉和重心穩定。因此，腳步大小應以腳步舒展、重心穩固、不過前過後、迎送相當、轉動靈活為宜。

例如弓步，以一腿屈膝支撐，另一腿自然伸直為好，不可有任何勉強。習練者應結合個人情況，在實踐中不斷體悟、摸索，總結經驗。

六、兩腳要虛實分明

這既是太極拳運動中對立統一辯證關係的重要體現，也是對步法的基本要求。太極拳要求「一處有一處虛實，處處總此一虛實」。就是說，太極拳的每個套路，除起勢和收勢時兩腳短暫平行站立外，其餘動作無時無刻不在一虛一實、一實一虛的轉換中進行。

習練者要靠意念的引導、姿勢的開合、重心的移換、呼吸的配合來調整實現虛實轉換。

具體做法是：以腰脊命門穴為軸心，腰向左轉，身體

重心移至左腳，成為支撐腳，左腳即為實；右腳起輔助支撐作用，為虛。

　　反之，腰向右轉，身體重心移至右腳，成為支撐腳，右腳為實；左腳起輔助支撐作用，為虛。二者交替進行。要防止步不分虛實的「雙重」現象和拖泥帶水的散步式打拳。如此，手足才能得其用，攻防才能得其宜。

第三章

陳氏太極拳
身法的要求

習練太極拳就離不開「手眼身法步」，其中身法在拳術練習和運用當中有著非常重要的作用。太極拳身法是指練太極拳時以腰為軸，配合四肢活動的方法。太極拳身法要求立身中正安舒，伸縮收放，旋轉自如。身法要靠全身主要關節運轉，肌肉協調收縮，以意念來引領。

所謂身法，即身體主導權衡拳勢動態的組織法則。陳氏太極拳先師陳鑫在《陳氏太極拳圖說》中對身法有過特別詳細的論述：「打拳原是備身法，身法有正有斜，有直有曲，有順有逆；有偏前，有偏後，有偏左，有偏右，有偏上，有偏下；有在地上坐，有在空中飛，有束住，有散開。種種身法，不可枚舉，皆由中氣以貫之。」又說：「至於身法，原無一定，無定有定，在人自用，橫豎顛倒，立坐臥挺，前俯後仰，奇正相生，迴旋倚側，攢耀皆中，千變萬化，難繪其形。」

陳鑫先師的這段話充分說明了身法在打拳中的重要性。他告訴我們，要想打好太極拳，就必須掌握好太極拳的身法在拳式動作當中的變化和法度。

陳氏太極拳對身法的基本要求是：立身中正，正隅相變，上下相隨、內外相合，連貫圓活、對拉拔長。

第一節　立身中正

立身中正是太極拳身法要領中的重要綱領，不偏不倚，無過無不及，即「中正」。太極拳本於太極正道，謂之不偏不倚，無過無不及。而無論於內於外、於神於形、

於體於用，凡一陰一陽都要擇中而行，一開一合都要擇中而運，一收一放都要由中而發，一虛一實都要居中而換，一動一靜都要從中而變，總之都要以中和之道而行之，使全身上下中氣貫通，周身內外一氣流轉。立身中正、無所偏倚則不懼他人推倒，無過無不及則不犯頂、匾、丟、抗之病，中氣貫足則物來無不順應。

「打拳原是備身法」，中正在身法上的體現就是立身中正，無所偏倚。自頂而踵上下一線，周身內外左右平準。其中以軀體的中正為主，四肢的中正雖為輔，卻又左右著軀體的中正。因此中正是全身的中正。

人體有三節之分，上肢為梢節，軀體為中節，下肢為根節；全身又有五弓之備，兩臂是兩張弓，兩腿是兩張弓，軀體是一張弓。若能使三節貫穿成一節，五弓齊備而合一，則全體中正不偏也。

立身中正有如下要求：

1.「頭正項豎，虛領頂勁」

頭為六陽之首，一身之主，頭正則身軀自然中正端凝；頂勁虛領則精神自然領起，中氣貫注，神貫頂。虛者，虛虛領起，唯意思而已，不可過亦不可不及，過則氣留於腦中，不及則氣滯於胸中，久之皆成病。

2.「胸空腹實，上虛下實」

心要虛靜，胸要鬆空，心虛則胸空，胸空則橫膈膜下降，左右兩肋下沉，腹部自然充實；氣沉於丹田則上虛下實，上體鬆活圓轉，下體固若磐石，而又平心靜氣，則濁

氣自然下降至足底，清氣自然上升至頂心，清升濁降，陰陽分清。

3.「塌腰斂臀，脊柱豎直」

腰為上下體之樞紐，腰要鬆又要虛，腰能鬆虛而後能塌；塌腰又須斂臀，臀部不收斂便不能塌腰；斂臀勿忘提會陰，會陰上提，下不漏氣；塌腰斂臀則腰勁下貫，上體虛，中部活，下體沉穩，全身之勁能合於丹田；斂臀則骶骨有力，尾閭中正，配合虛領頂勁，則脊柱自然豎直對準，後腰命門處自然開合，中氣貫於脊中，上自百會，下達會陰，如一線穿成，則身弓備也。

4.「兩肩鬆開，沉肩墜肘」

兩臂能否圓轉全在兩肩，肩為臂之樞紐，兩肩不能鬆開，則轉關不靈；兩肩應放鬆下垂，功久骨縫自開，兩臂如在肩上掛著一般。

中氣貫注於兩肩骨縫之中，則能沉肩，由兩肩骨縫而行於兩肱之中，則兩臂沉著虛靈；沉肩必須墜肘，肘不下墜則肩不得沉，氣上浮而不得力，周身之勁合不住，且影響軀體之中正；墜肘有助沉肩，肩、肘、手三節能節節貫通，達於指梢則臂弓備也。總而言之，無論兩臂兩手如何運轉，或上或下、或左或右，都要沉肩墜肘。

5.「坐胯屈膝，垂直相對」

兩腿的樞紐在兩胯。兩胯的重要性遠不止於此。腰勁能否下貫，周身能否相合，上下能否相隨，中氣能否貫通，虛實能否轉換，一身能否中正，左右能否平準，皆在兩胯。胯和腰是相關聯的，言胯必及腰，言腰必及胯，所

以稱「腰胯」。

　　首先，兩胯要鬆開，鬆開則圓襠，所謂開胯圓襠即此意。兩胯鬆開並非兩腿叉開，如兩胯骨縫不鬆開，則兩腿即便叉開，襠仍不會圓。襠圓則回轉皆靈，上下亦能合住勁。又要鬆胯下坐，能坐胯則足能平實踏地，落氣到足底自然穩重如山。

　　所謂「似坐非坐」，足若不能平實踏地，則須從胯中調整。還要能落胯，坐胯為實，落胯為虛，能坐能落，有實有虛，有虛實自有中定，一身重心首繫於此，而後達於足底。屈膝坐胯，胯能坐便自然能屈膝。切不可只屈膝不坐胯，屈膝的高度應由坐胯的程度來定，總須垂直相對，留有伸屈變化的餘地而轉動皆活。

　　屈膝不可過，襠部、臀部低於膝部謂之過，膝尖超出足尖亦謂之過，過則有失中正，易受制於人；過則轉關不靈，無所適從；過則膝部受損，久之則成病；過則憋氣不通，難貫足底；過則勁路隔斷，不能完整一氣。總而言之，腿三節須「六斷」，胯、膝、腳三節似斷似連，形斷內連，中氣貫注於下肢骨髓之中則腿弓備也。

　　中正不偏其實「非形跡之謂，乃神自然得中之謂也」。中氣貫於心腎之中，通於脊骨之中，行於四肢骨髓之中，心神中正則形體自然不偏不倚，運勁自然無過無不及，正時亦正，斜時亦正。

　　譬如「擊地捶」定勢，身形雖斜，然自頂而背而腿而足呈一斜線，中氣貫穿而斜中寓正。所以中正不偏全在「以心中浩然之氣，運於全體，雖有時形體斜倚，而斜倚

之中自有中正之氣以宰之」。上下一氣貫通，內氣一氣流轉，自然中正不偏。習拳練功須以此為準則，不論站樁、活樁、行氣走架都要中正不偏一氣存。

第二節　正隅相變

太極拳是一項奇正相生、正中有隅、隅中有正、正隅相變、有正有隅的交替平衡運動。

太極拳練習中有八個方位，先說四正方位，身體所站立的點為中心點，前後左右（南北東西）稱為四正方；有四正方，就有四隅方，以身體站立的點為中心，身體的左前方（東南）、右前方（西南）、左後方（東北）、右後方（西北）就是四隅方。

太極拳的每一個招式動作都是隨著練習者的身法變化在這八個方位中運行的。

一、正步隅身

正步隅身：

步法為正向，身法為隅向。

以單手纏絲動作為例：動作拉開，這時身體和步法都是正向（面朝南）（圖51），隨著右手的下捋運動，身體開始向左轉動，雙腿保持正向，身體轉到左前方（東南）的隅向（圖52）；右手向右拉開，身體運動經過正向（南）向右繼續走（圖53），使身體轉為面向右前方（西南）的隅向（圖54）。

　　在整個運動變化過程中，雙腿始終保持正向，身體則是經過了「正─隅─正─隅」的轉換。這就是「正步隅身」的身法法則。

圖 51　　　　　　　　　　　　圖 52

圖 53　　　　　　　　　　　　圖 54

圖 55

二、隅步正身

隅步正身：

身法為正向，左腿（或右腿）向斜前方開步，步法變為隅向，就形成了隅步正身。

在太極拳的身法中，包含著非常多隅步正身的身法，例如：金剛搗碓（圖55）、斜行（圖56）、當頭炮（圖57）等等。

圖 56

圖 57

第三節　上下相隨，內外相合

太極拳前輩說：「其根在腳，發於腿，主宰於腰，形於手指。由腳而腿而腰，總須完整一氣，向前、退後，乃能得機得勢，有不得機得勢處，身便散亂。其病必於腰腿求之，上下、前後、左右皆然，凡此皆是意，不在外面。」

也就是說，一動俱動，一到俱到。意到、氣到、勁到，方可謂上下相隨。有一處不動、不到，即意亂、氣亂、神亂，身法動作自然也就散亂。

上下相隨，相隨就是合。「上下相隨」就是指上下肢相隨，即：手與足相隨，肘與膝相隨，肩與胯相隨，俗稱「外三合」，這是身法的重要部分。所謂合者，就是說，手足、肘膝、肩胯上下對應。相隨、相合，主要在於動作的協調配合以及內外相合。

怎樣才能做到上下相隨呢？

當練拳做每一個動作時，無論兩臂向前伸或是向後抽，還是向上抬起，則意在手足相隨。當屈肘時，則意在肘膝相隨；當垂臂或兩臂被控時，則意在肩胯相隨。「上下相隨」不是刻意的，而是靈活的。

拳諺有：「胯隨腕轉、腕隨掌轉，手隨足運、足隨手運、身隨步換、步隨身換，身隨腰轉、身動眼隨」之說，這就是最具體的身法要領。

「上下相隨」除了要做好「外三合」，更為重要的是

「內三合」，即「心與意合、意與氣合、氣與勁合」。只有內外的相隨，才能達到「手到、足到、意到、氣到、勁到」，一到俱到的境界；才能做到節節貫穿、連貫圓活。要做到這些，先要把拳式的每個動作的分解動作到定勢都要做到「虛領頂勁、含胸塌腰、分清虛實、沉肩墜肘、上下相隨、內外相合、相連不斷、動中求靜」。

第四節　連貫圓活，對拉拔長

太極拳要求「一動無有不動」，「由腳而腿而腰，總須完整一氣」，要求做到上下相隨、節節貫穿地「連貫圓活」，並始終保持整體性的對稱協調。意欲向上，必先寓下；意欲向左，必先右去；前去之中，必有後撐；上下左右，相吸相繫；對拉拔長，曲中求直。

一、連貫圓活

在太極拳套路中，當停而不停的一瞬間，也就是動作極緩時、運用折疊時、引起下勢時，這種勢與勢之間的承接轉換就稱作連貫。

連貫就是要求上一動作與下一動作折疊地銜接起來，轉接處微微貫勁，不僵不滯，不使有停頓斷續之處。重要的是意識要綿綿不斷地指揮動作，使所有動作也能綿綿不斷、無限制地像曲線一樣轉來轉去，神氣貫穿，毫不間斷。起勢極為重要，開頭要開得好，起勢得勢，以下也容易得勢，起承轉合便覺得姿勢靈活。每一勢如何起，如何

落，需要仔細揣摩。到定勢時，必須使意識貫注十分，似停非停之際，下勢之機已動。

動作要圓活，亦即動作要圓滿、靈活，在一連串無限延長的螺旋式弧形動作中，不凹不凸，無有缺陷，不起棱角，變動又非常輕靈活潑。圓滿靈活運用到推手上，要求達到中正不偏，不越界限，不被壓扁，走化黏依，不丟不頂，處處圓轉飽滿，輕靈活潑。這要在意識指導下，呼吸和動作非常協調熟練才能做到。

二、對拉拔長

對拉拔長本來就是太極拳修習中的一大特色。對拉拔長的要求手臂有，腿部有，身軀也有。

上肢的對拉有單鞭、野馬分鬃、白鶴亮翅、倒捲肱等等。行拳中要儘量放長雙手和雙臂，當然，要對拉雙臂，必須注意肩肘腕的放鬆，只有放鬆到位，才能對拉到位。手臂的對拉有橫向的，像十字手；有前後的，如倒捲肱、高探馬；有上下的，如白鶴亮翅；有斜向的，如野馬分鬃等。

下肢也是對拉的。前腿和後腿的對拉，比如弓步，前腿彎曲，迎面骨向前撐，後腿向後蹬住地，這就形成對拉。還有虛步，前腳點地，後腿坐實，前腿和後胯形成對拉。

身軀部分的對拉更有技術性。從原理上說，就是向上虛領頂勁，向下把勁鬆沉到腳底。表現在頭向上領起，肩向下鬆沉，尾閭中正氣下沉，形成身軀的對拉拔長。

　　最需注意的是對拉不僅體現在臂與臂和腿與腿之間，臂與腿之間也要對拉，如前手和後胯要形成對拉，像野馬分鬃、摟膝拗步等。另外，白鶴亮翅可體現右手和尾閭的對拉。

　　對拉拔長做好了，所有的關節都會鬆開，使自身的血脈經絡通順，氣血流暢。所以練拳做到對拉拔長會有舒服感，並形成內勁。

　　對拉拔長的運用，不但使動作外形舒展、漂亮，而且也是太極拳內勁的生成基礎。練好了對拉拔長，內勁自然生成。可以說，對拉拔長是太極拳內外兼修的關鍵。也可以說，太極拳始終貫穿著對拉拔長這一特有的身法。

第四章

太極拳
樁功和站樁要領

第一節　太極樁功

太極樁功是習練太極拳的基本功，可以幫助初學者和有一定基礎的習練者提高自身功力。

站樁功是傳統武術練內力的基礎。習練者在站樁中，透過思維意識的運用，而進入意識相對的靜止狀態，從中實現人體的陰陽平衡、開通經絡、調和氣血、補養元氣，達到培本固元的目的。

由樁功的鍛鍊，能使體內的真氣運動自如，再加上心法的運用，才能進入靜定的狀態，從而達到天、地、人三合一的境界。

樁功在太極拳術的練習中有著非常重要的作用，俗話說，練拳要達到「上虛、下實、中間靈」。

其中「下實」就要求我們有強大穩健的下盤功夫，樁功練習就是增進下盤功夫、增強下盤穩固性的一個重要途徑和方法。（圖58）

俗話說，「久練不如一站」，那麼這個「站」到底能起到什麼樣的作用呢？

首先透過這種靜止的站樁練習，在微蹲的狀態下，身體自身的重量會刺激骨膜的生長，提高人體骨骼的骨密度。站樁是增強骨骼、骨髓、肌腱和肌肉的最好的鍛鍊方法。站樁練習，也可以讓你的內心清淨，周身達到在靜止狀態下調節陰陽平衡的作用。

站樁同時也是太極拳，乃至各門傳統武術的最重要的

圖 58

基本功練習方法之一。那麼如何能夠練好樁功，在站樁過程當中有哪些具體的要求？

站樁的「樁」字是一個直立的意思，所以站樁的第一個要求就是要我們立身中正，只有立身中正，才能練好樁功。

太極樁功主要有無極樁、混元樁、開合樁、升降樁和虛步樁等練法。下面我們以「太極混元樁」為例，具體介紹太極樁功。

第二節　太極混元樁（渾元樁）

一、太極混元樁介紹

　　太極混元樁是太極拳中的基本樁式。「混元」意指天地，取意為天地能滋生萬物。

　　混元樁是太極拳內功的入門功法。和行拳時注重動中取靜不同，樁功訓練需做到外靜內動，是一種靜功。長期樁功訓練可使自身腿部根基更穩，力量無形自足，內心平靜，日後練習太極拳更加得心應手。

　　站太極混元樁時，在立身中正的基礎上，兩腳分開與肩同寬，肩縫要垂直對準腳的中指，兩腳不要開得太寬了。眼睛向前平視，然後舌頭輕抵上齶。

　　兩唇微閉，然後兩手環抱，五指相對，手心向內，兩手指尖相距一拳之遠，指尖相對，掌心向內，十指自然分開，手掌與胸距約30公分。拇指微微向上領起。

　　尾閭中正，屈膝鬆胯，身體微微鬆沉下坐，膝蓋稍微裡合一點，這個裡合的目的是讓身體後坐，而不只是站著。身體向後坐的時候，膝蓋就自動地向裡微合。（圖59、圖60）

二、混元樁站樁機理

　　站太極混元樁，小腹的關元、中極兩穴共同內斂納氣，沖震命門穴。與此同時，利用肩部和肘部的鬆垂動

圖 59

圖 60

作，催動兩臂自下而上畫弧緩緩抬起，高與胸平。雙肩放
鬆、內捲裡合，鎖骨下沉相合，心氣與橫膈膜向小腹中極
穴沉降，助內部氣息團聚，向命門穴衝震，使兩臂內側
（陰經）微微內纏，向身體外側撐住勁，構成內撐外掤、
內圓外方、負陰抱陽的太極狀態。

　　兩手指鬆直向內，大拇指領起，其餘指尖左右相對
相照，指尖的氣機含互相滲透和相吸相合之意，吐納之氣
與印堂穴（上丹田）、膻中穴（中丹田）、中極穴（下丹
田）及三心（頭心百會穴、手心勞宮穴、足心湧泉穴）的
吐納氣一致，並將氣納入中脈（上通百合穴，下達會陰穴
一線串之）之軌道，以助中氣潛轉。

　　同時下閉穀道，氣方不向下泄，構成呼氣時使氣由
內達外，勁貫梢節，氣貫指（趾）肚；吸氣時退藏隱秘，
氣結中宮，循環無端。久而久之，體內會出現一種輕靈景

象，氣機運聚之意象，皆由心發，中氣之潛轉，上下不停。

如能將此意象融會於拳架之中，與動作、勁路結合起來，身體內外就會化生出一種渾厚靈敏、韌性極佳、彈性極強的混元氣佈滿周身。

三、混元樁對身體的要求

1. 上懸下沉

頭頂百會穴要有向上領起之意，似有繩懸一般；頭頂以下部位則隨地球引力向下鬆沉。人體經此上下對拉，促成頭頂百會穴、鼻下人中穴、腹部丹田穴和襠下會陰穴上下對照，呈一條垂直線。

這條垂直線與身體重心的投影線正好重合。做到「上懸下沉」後能鬆開身體各部關節，出現沉肩、墜肘、塌腕、鬆腰、落胯的形態。

2. 前後撐

兩臂含有向前向外的勁，背部含有向後的撐勁，使背、肩、臂、手構成一個呈內合之形、含外開之勁的圓。

3. 四 平

「四平」包括頭平、肩平、膝平、腳平。頭平指頭頂平正，頸項順直；肩平指兩肩放平，不聳歪斜，肩平則身正；膝平指兩膝齊平，無前後交錯，無高低不等，無左右歪斜，膝平則腿正；腳平指兩腳掌齊平，腳底全腳掌著地，腳趾輕輕抓地。

四、混元樁站樁要領

1. 虛領頂勁

所謂頂勁，就是頭顱的後半部分向上頂，但是脖子又不能向上用力地拔，貴在一個「虛」字。如何才能做到虛？就是讓頸椎微微放鬆，向上拉伸即可，也稱為「頭頂懸」，但不可過於用力。

2. 尾閭下墜

尾閭，從廣義來說是5節骶骨和4節尾骨的總稱，從狹義來說則專指尾骨。尾骨，是由人體尾椎末端的3至5塊骨頭接合而成，其上端與骶骨形成關節。

尾閭下墜，要求頭部向上拉伸，尾骨向下拉伸，自然中間的腰椎、胸椎都得到拉伸，從而減輕了椎骨之間的壓力，可以緩解和治療骨質增生、腰椎間盤突出、頸椎病、神經衰弱、失眠、頭疼等許多疾病。

3. 鬆胯、屈膝、圓襠

鬆胯，就是要求臀部下坐，就像坐在凳子上一樣。

屈膝，就是膝部彎曲，但是不要太過，配合坐胯讓人感覺中正安適即可。

圓襠，就是要求大腿根部內側向外撐開，同時膝部向內收，自然襠部就圓了，感覺就像騎馬的時候，雙腿夾住馬背那樣的意思。

4. 雙腳放平，湧泉穴要虛

雙腳要放平，兩隻腳既不能向裡用力太多，也不能向外用力；大腳趾、小腳趾和腳後跟形成一個倒三角形。

　　大腳拇趾要輕輕地貼著地，身體重心的配比是三七分，三分在前腳掌，七分在後腳掌，五個腳趾頭就輕輕地把這個腳攏住，腳心湧泉穴要虛。

5. 含胸塌腰

　　含胸的具體要求是，下頜微微內收，雙肩微微前捲，感覺自胸部到腹部氣很順暢即可。

　　塌腰不可軟，軟則失去靈勁。腰為上下體樞紐轉彎處，不可軟，也不可硬。腰以上氣往上行，腰以下氣往下行，似上下兩奪之勢，其間一氣貫通。

　　含胸塌腰是在開胯屈膝的同時，胸脯向內微微含住，心氣下降，兩肋微束，腰勁自然下塌。含胸與塌腰實質上是相輔相成，同時進行的。只有含胸，腰勁才能自然下塌，周身血脈流暢無阻，要塌腰必定要含胸，兩者不能分開進行，而要互為照應。

　　含胸塌腰貴在胸間鬆開，胸一鬆，全身舒暢，久而久之就會感覺小腹微微發脹，氣沉丹田，自然周身貫通。

6. 精神內斂　鬆而不懈

　　精神要內斂，不要外放。站樁的時候注意力要集中，眼觀鼻，鼻觀口，口觀心，心觀自在，這個時候站樁有一種很舒適、很愉悅的感覺。

　　站樁的時候既不要緊張，也不要鬆懈，需要做到鬆而不懈，兩個大拇指向上與百會穴向上領起，身體其他部位的皮肉筋骨髓都自然向下鬆沉，慢慢感覺身體出現一種蓬鬆的感覺。

7. 站樁的時長

站太極樁是一種非常細膩的自我體驗。這種體驗只有你在長期的練習過程當中，才能夠掌握好。

站樁的過程，實際上叫靜中求動的過程。開始可以先從5分鐘、10分鐘、15分鐘站起，時間逐漸加長。

隨著站樁時間的增長，你腿部肌肉和骨骼的支撐力就增強了，那種身體蓬鬆感也會慢慢地出現。如果你能夠每天堅持站樁半小時以上，這樣你的基本功練習就有保障了。

在站樁過程中，要調身型，使肢體放鬆，消除體內僵硬之勁。站樁不能站死樁，不是兩條腿站在那裡死死不動。站樁時間長了，身體容易僵硬，此時身體重心可以偶有微小的左右調節，雙腿在靜止站立的狀態中重心可以微微地左右交替轉換，重心可以先稍微往左移動一點點，然後再往右移動，使腿部得到輪流休息，這些動作是外觀上基本看不出來的微動，即靜中求動，不動中求動。

掌握了這個方法，在站樁的時候，站一小時、兩小時甚至更長時間，習練者都感覺不到疲勞，這實際上是在調節陰陽。

8. 站樁時架子的高度

剛開始站樁的時候，身體可以站得高一些，循序漸進，等到你下盤力量增強之後，再逐漸調整站樁的高度，無論是高架還是低架，重要的是把站樁的姿勢掌握準確，要讓自己感覺站得非常舒適，要在站樁的過程中體會到太極拳「內三合」和「外三合」的關係。

9. 站樁時的呼吸

站樁還需要注意調節呼吸，練習站樁功是採用自然呼吸，即呼吸要自然順遂，儘量做到輕勻細長，越輕越好，慢慢地彷彿感覺不到呼吸。此時，你就會找到那種天人合一、渾然一體的感覺。

隨著呼吸吐納，全身勁力收放於小腹丹田處，調整全身的平衡，此時精神也能夠靜下來。

站樁功是傳統武術內練能力的基礎。習練者在站樁中，通過思維意識的運用，而進入意識相對的靜止狀態，從中實現人體的陰陽平衡、開通經絡、調和氣血、補養元氣，達到固本培元的目的。

透過在樁功中的鍛鍊，才能使體內的真氣運動自如，透過心法的應用才能進入入靜的狀態，才能達到天地人三才合一的境界。

第五章

陳氏太極拳
五種纏絲勁及練習方法

第一節　陳氏太極拳五種纏絲勁

　　纏絲勁在陳氏太極拳中具有靈魂性的作用。陳氏太極拳陳鑫先師在自己的著作《陳氏太極拳圖說》中說：「太極拳，纏法也。」明確了纏絲勁在陳氏太極拳中的重要地位。他還說：「不明此，即不明拳。」就是說若不知道太極拳纏勁法，那你就不知道太極拳的道理。可見，纏絲勁是整個陳氏太極拳鍛鍊的核心。

　　陳鑫說：「太極拳纏法也，進纏、退纏、左右纏、上下纏、裡外纏、大小纏、順逆纏。而要莫非即引即纏，即進即纏，不能各是各著。若各是各著，非陰陽互為其根也。」他告訴我們，太極拳的運行規律表現是纏繞運動。在運動中無論前進、後退、左右轉動、上下伸縮、裡外變換、大小幅度，順逆方向所有的形體都要體現纏繞的意思，在應用中更要做到在引進中有纏繞，有引即有纏，有進有纏，陰陽互為其根。

　　纏絲勁的基本功練習主要有：單手纏絲，雙手纏絲，後捋纏絲和前掤後捋纏絲。

　　手的順纏：

　　在陳氏太極拳中以小指領勁，向手心方向旋轉，依次無名指、中指、食指至大拇指做順時針方向的旋轉運動，同時肘關節由外向裡合、沉肩合肘，此為順纏。

　　手的逆纏：

　　在陳氏太極拳中以大拇指領勁，向掌心方向旋轉，依

次食指、中指、無名指至小指做逆時針方向的旋轉運動，同時肘關節由內向外開、鬆肩合肘，此為逆纏。

一、單手正面纏絲

在懶紮衣的基礎上運行單手正面纏絲，以右手為例，練法如下：

身略微右轉再向左轉，以右手小指領勁，鬆手指、鬆手腕、鬆肘、鬆肩、鬆左腰胯，依次由手指（梢節）到肘（中節）、到腰腿（根節）順纏。繼續運行使手指方向朝向左側，再開始以腰勁為主宰，右腳蹬地，催動兩腿，腰襠合力，旋踝轉膝，左胯鬆沉，使勁傳至左腿，重心左移，身微左轉，保持兩胯放鬆。此勢為合、為蓄，體現合勁蓄勢之意。（圖 61）

圖 61

接下來，右手在腰胯鬆沉（塌腰）的同時，向左上穿掌外翻，要上下配合，保持身體平穩，上虛下實，這叫做「有上必有下」，陰陽平衡的道理。手的動作不可過大、過快、過猛，要動起有根，動手之前先動腰。

緊接著，左腳蹬地，腰襠合力，右胯鬆沉，出肘，重心向右移動，右手逐漸展開，形成一周。

此勢為開、開展之意。手臂不可伸直，伸到九成，處於將展未展之間。

整個動作要緩慢地運作，要認真體會動作是否順遂，有不順的地方就要糾正。重點要做到勁起於腳，行於腿，主宰於腰，透過蹬地移動重心，節節貫穿，最後形成於手指，在手臂上體現。

這裡起主宰作用的是腰和腿。如太極拳先輩所說：「其根在腳，發於腿，主宰於腰，形於手指。由腳而腿，而腰，總須完整一氣」，「毋使有缺陷處，毋使有凹凸

圖 62

處，毋使有斷續處。」

　　反過來，左手正面纏絲亦如上所述，只是方向相反。
（圖62）

　　【提示】太極拳動作無非是一合一開而已，右手順
纏下沉為合勁，小指領勁裡合，氣沉丹田。翻掌時中指領

勁，為轉折、折疊，陰陽轉換。逆纏出肘為開，大拇指領勁，注意力在肘尖、小臂和手腕，這樣做可避免架肩，達到高品質的放鬆程度。

二、雙手正面纏絲

雙手正面纏絲，是由兩個單手正面纏絲組合起來的協同練習動作，左手、右手完全按照單手正面纏絲各自原來的軌跡進行，絲毫不能改變。

因此，要求單手正面纏絲非常熟練、牢固以後，在此基礎上才能進行。（圖63）

雲手也叫雙手纏絲練習，是在單手的基礎上，左手逆纏，右手順纏，然後交錯，右手逆纏，左手順纏。也就是一順一逆，一逆一順。

圖 63

在做雙手纏絲的時候，整個動作要注意正隅關係，身體走向那個隅向，然後調正，再讓身體走向這個隅向，再調正。整個動作是一順一逆，一逆一順，往復運行。（圖64）

圖 64

三、後捋纏絲

後捋纏絲是兩手向身體的左、右後方下捋。向前的手是小手指領勁,為順纏;向後的手是大拇指領勁,為逆纏。(圖65)

圖65

圖 65

四、側面纏絲

以右手為例：

兩腳分開，呈右弓步，右手至左肩平，左手叉腰。手型為瓦楞掌，手心斜向外，手臂外展，沉肩墜肘，立身中正，氣勢鬆沉而飽滿，結合虛領頂勁，精神提起，氣沉丹田。接下來，身微右轉，右手掌小指一側領勁，順纏向後外開，而後由順纏變逆纏，左腳蹬地，重心左移，身左轉，左胯放鬆下沉。右手外翻由逆纏變順纏，左腳蹬地，重心左移，左胯放鬆下沉，重複運作。（圖66）

左手側面纏絲要求與右手相同，唯方向相反，出左手，呈左弓步。同樣要求順逆纏絲的變化，內勁與外形協調一致，以內勁催外形的感覺。同時，還要與步法、身法配合，勁起腳跟，節節貫穿，內外協調。本著「內不動，外不發，腰不動，手不發」的原則運行。

圖 66

五、前掤後将纏絲

（右側）**前掤後将纏絲：**左腳在前，右腳在後，開一個斜弓步，雙手置於身體右側，左手在前，右手在後，兩手前掤，右手裡合順纏，左手逆纏，然後轉過來以後左手裡合順纏，右手逆纏，前掤後将，配合重心前後移動的時候，再配合身法，隅步正身，勁起腳跟，節節貫穿。（圖67、圖68）

圖 67

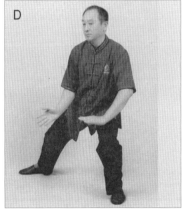

圖 68

　　（左側）**前掤後捋纏絲**：右腳在前，左腳在後，開一個斜弓步，雙手置於身體左側，右手在前，左手在後，其他運行要求與右側動作一致。

第二節　纏絲勁練習注意事項

陳氏太極拳纏絲勁是以順纏、逆纏為基本纏絲勁。在練習纏絲勁時，要以身體帶動，以身領手，手隨身轉。

太極拳動作無非是一合一開而已，右手順纏下沉為合勁，小指領勁裡合，氣沉丹田。翻掌時中指領勁，為轉折、折疊，陰陽轉換。逆纏出肘為開，大拇指領勁，注意力在肘尖、小臂和手腕，這樣做可避免架肩，達到高品質的放鬆程度。

「源動腰脊，勁貫四梢」。腰為樞紐，手足相隨。纏絲勁是以腰為軸，帶動身體四肢一動百隨，透過腰部與各關節產生的合勁，從而形成螺旋纏繞的運動。必須做到立身中正、虛領頂勁，身法無論如何變換都要中正安舒、支撐八面。

吸蓄呼發，純任自然。呼吸對纏絲勁的收放起著引導和推動作用。吸氣可以引導內氣從手足四梢向丹田回收，呼氣可以引導內氣從丹田外發通向手足。

但是，初學太極拳的人，首先要注意呼吸自然。一開始只要做到每一動作的起點是吸氣、落點是呼氣就行了，在拳勢運行的中間過程，呼吸要純任自然。隨著功夫的增長，纏絲法與呼吸就會逐步協調起來。

第六章

纏絲勁在套路中
的意義和應用

第一節　陳氏太極拳纏絲勁概述

纏絲勁是陳氏太極拳的核心與精華。太極先師陳鑫在《陳氏太極拳圖說卷首·太極拳纏絲精論》中說：「太極拳，纏絲法也，進纏、退纏、左右纏、上下纏、裡外纏、大小纏、順逆纏。而要莫非即引即纏，即進即纏，不能各是各著。若各是各著，非陰陽互為其根也。世人不知，皆目為軟手。是一外面視之，皆跡象也。若以神韻論之，交手之際，剛柔並用，適得其中，非久於其道者，不能澈其底蘊。兩肩髀下，兩肘沉下，秀若處女見人，肆若猛虎下山。手即權衡，稱物而知其輕重。打拳之道，吾心中自有權衡。因他之進退緩急，而以吾素練之精神臨之，是無形之權衡也。以無形之權衡，權有形之跡象，宜輕宜重，而以兩手斟酌，適得其當，斯為妙手。」

纏絲勁的類別有內纏、外纏、上纏、下纏、左纏、右纏、大纏、小纏、順纏、逆纏、進纏、退纏、正纏、側纏、平纏、立纏，百般纏繞，環環相扣，端端互生。纏絲勁是周身上下內外一動皆以螺旋形旋轉，始發於內、後形於外的內勁。

陳氏太極拳是一種螺旋纏繞的運動形式，每一個動作都是由螺旋纏繞來完成的。在太極拳的套路中纏絲勁無處不在，纏絲勁始終貫穿太極拳運動過程中。太極拳的每招每式，也就是順纏和逆纏在進行著各種不同的組合。

比如，一個「金剛搗碓」就包含了左纏、右順纏、逆

纏、上纏、下纏等各種不同的纏法，充分體現出太極拳纏絲勁無處不在這一特點。

纏絲勁是陳氏太極拳的典型特徵，纏絲勁表現在下肢是旋踝轉腿，表現在軀幹是旋腰轉脊，表現在上肢是旋腕轉膀。這是太極拳練法特點的精華所在。

纏絲勁內勁運轉的主要方法是內氣蓄於丹田，以意行氣，源動腰脊，旋腰轉脊，貫注於四梢（兩手兩足尖端）。上行為旋腕轉膀，形於手指；下行為旋踝轉腿，達於趾端。由弧形螺旋式地纏繞絞轉，從而形成一系列無限延長的複雜的空間螺旋運動。

在練習纏絲勁的過程中，要把上下纏、前後纏、左右纏、進退纏、裡外纏的一順一逆及雙順雙逆的五對纏絲做到位。開合時，要做到順纏合、逆纏開，均衡、對稱、協調，無所偏倚，無過無不及。

透過長期持續不斷的練習，達到渾身是纏絲圈，全身上下左右無一處不纏絲，而又以身軀纏繞為主宰，由腰脊的螺旋運動和胸腹折疊運化來帶動貫穿上下四肢的螺旋纏絲，進而達到周身一家的螺旋纏絲。

在練習太極拳套路時，纏絲勁既不可太柔，也不可太剛。過柔，就是軟手；過剛，則轉動不靈，死板呆滯，不能隨機應變。所以，在纏絲勁的運用中，應當做到剛柔相濟，虛實相兼。

第二節　纏絲勁對練好陳氏太極拳的意義

習練陳氏太極拳的要求是：虛領頂勁，立身中正，鬆肩沉肘，含胸塌腰，心氣下降，呼吸自然；鬆胯屈膝，襠勁開圓，虛實分明，上下相隨，剛柔相濟，快慢相間，外形走弧線，內勁走螺旋；以身領手，以腰為軸，纏繞圓轉。整套拳在練習過程中，沒有直線，沒有平面，沒有斷續處，沒有凸凹處，沒有抽扯之形，沒有提拔之意，渾然一圓，方為合格。

在這些規矩要求的指導下，由旋踝轉膝，旋胯轉腰，旋腕轉肩以及胸腰折疊運化之勁的引導，形成其根在足，形於腿，主宰於腰，貫串於手指的空間曲線螺旋運動，經過長年修煉，進而逐漸產生一種似柔非柔，似剛非剛，極為沉重而又極為靈活善變的內勁，如棉花裏鐵，外柔內剛。這種內勁就叫纏絲勁。只有練出了纏絲勁，才可稱為掌握了陳氏太極拳的精髓。

所以，練好纏絲勁對習練陳氏太極拳有著十分重要的意義。

第三節　纏絲勁在套路中的應用

現在我們以陳氏太極拳老架一路套路中的五個動作為例來解析纏絲勁在套路中的運用。

一、陳氏太極拳「掩手肱拳接金剛搗碓」
　　動作中纏絲勁的運用

1. 在掩手肱拳的基礎上，身體下沉，重心在左。右拳變掌，順纏裡合。左手逆纏，合於右前臂內側。目視前方。（圖69）

圖 69

圖 70

2.身體右轉，重心右移。右手逆纏外翻，上掤至頭部右側。左手逆纏，下按於左膝上方。左腳尖內扣。（圖70）

圖 71

3.身體向右轉，重心移至左腿，右腳經左腳內側環繞向前上步，腳尖點地。右手順纏，向下畫弧，上托於右胸前，手心向上。左手順纏上翻變逆纏，合於右前臂上，手心朝下與胸平。目視前方。（圖71）

4. 左手順纏外翻（注意：此處這個左手順纏很容易被習練者忽視），下沉於小腹前，手心朝上。右手握拳，下沉落於左掌心內，拳心朝上。目視前方。（圖72）

圖 72

圖 73

5. 右拳逆纏向上提起，約與右肩平。右腿屈膝，鬆胯，提起右腳懸於襠內，腳尖自然下垂。目視前方。（圖73）

圖 74

6. 右腳震腳落地，腳掌踏平，兩腳距離與肩同寬。右拳順纏下沉，落於左掌心，兩臂撐圓。目視前方。（圖74）

由上可見，一招「金剛搗碓」就包含了左纏、右纏、順纏、逆纏、上纏、下纏等各種不同的纏法，充分體現出太極拳纏絲勁無處不在這一特點。

二、陳氏太極拳「金剛搗碓接懶紮衣」
　　動作中纏絲勁的運用

圖 75

1.　在金剛搗碓的基礎上，身體向左轉，然後雙手變掌。同時右手逆纏，左手順纏，兩手背交叉穿掌外旋，重心先左後右。（圖75）

2. 接上勢，重心繼續右移，身體微右轉。同時右手逆纏上掤，右掌心朝前，左手逆纏下按，左掌心向下，兩掌外掤形成開勁。（圖76）

圖 76

3. 接上勢，鬆左肩，沉右肘，腰向左微轉，隨即重心移至左腿，屈膝下蹲。雙手由雙逆纏變雙順纏，左手由下向左側上方畫弧，右手由上向下在右側旋掌翻腕畫弧，右掌心向上，左掌心向外，雙掌形成合勁，重心偏左。

圖 77

同時提右腿，向右側橫開一步，腳跟內側著地，腳尖上翹。目視右前方。（圖77）

圖 78

4.接上勢，身體左轉，重心向右移。同時右手順纏上合，勁達小拇指，雙掌在胸前合住。目視右前方。（圖78）

圖 79

5.接上勢，重心還在右腿，鬆右胯，身體微右轉。同時右手逆纏外掤，右臂向外加掤勁，左手順纏合於體前，手心朝上。目視右前方。（圖79）

6.接上勢，身體繼續右轉，兩手隨身體外轉分開，右手逆纏外開至右腳上方後，鬆肩沉肘，再略變順纏，掌心朝前，指尖朝上，高與眼平。同時，左手順纏下沉，經腹前再變逆纏叉於左腰間，大拇指朝後，四指朝前。目視右前方。（圖80）

圖 80

三、陳氏太極拳「小擒打」動作中纏絲勁的運用

1.上接掩手肱拳,重心在左。右拳順纏變掌(注意:此處這個右拳順纏很容易被習練者忽視),鬆肩沉肘,左手從左肋逆纏上合於右小臂內側。同時,提右腿向前上半步,腳跟著地,腳尖上翹。目視前方。(圖81)

圖 81

圖 82

2.接上勢,重心移至右腿,身體略右轉,左腿屈膝提起。同時,右臂逆纏外掤,左手輕撫於右臂內側外掤,身體上下相合。目視左側。(圖82)

圖 83

3. 接上勢，身體略右轉，左腳向左前方跨一大步。同時，左手隨左腿畫弧下按，右手上掤。目視左前方。（圖83）

4. 接上勢，重心由右腿移向左腿。左手逆纏上掤，右手走下弧與左手相合。目視左前方。（圖84）

圖 84

5. 接上勢，身體略
右轉，重心略右移。同
時，左手順纏走上弧向
裡收，右手走上弧合於
胸前。目視左前方。（圖
85）

圖 85

圖 86

6.接上勢，身體向
左轉，重心移至左腿。
同時，兩手合力，左手
橫向在上，右手立掌在
下，隨重心前移合力推
至左膝上方。目視左
側。（圖86）

四、陳氏太極拳「野馬分鬃」動作中纏絲勁 的運用

1.上接單鞭，身體向左轉，重心在左腿，提右腿向前上步。同時，右手順纏向下合於右膝內側，左手逆纏上掤。目視右側。（圖87）

圖 87

2.接上勢，重心由左腿移至右腿，身體向右轉。同時，右手逆纏畫弧上掤與額平，左手順纏下合。目視右前方。（圖88）

圖 88

3. 接上勢，身體右轉，右腳尖外擺，提左腿向前上一大步。同時，右手掤至右額前，左手合於左膝內。目視前方。（圖89）

4. 接上勢，重心移至左腿。同時，左手逆纏外翻上掤至左額前，右手順纏下合。目視左前方。（圖90）

圖 89

圖 90

從上面三個動作中我們可以看出纏絲勁在套路中的運用，可以充分體現出纏絲勁就是太極勁，是構成太極拳的核心。太極拳的任何動作，始終不可離開纏絲勁。所以說，纏絲勁貫穿於太極拳一切動作過程的始終。

五、陳氏太極拳「雙震腳接玉女穿梭」
##　　動作中纏絲勁的運用

圖 91

　　1.接上式，身體右轉，重心在左，右腳為虛腳。同時，屈膝鬆胯，身體重心下沉，兩手雙逆纏下合按於腹前，右手在前，左手在後。目視右前方。（圖91）

　　2.兩手順纏迅速向上領起，雙腳隨之依次上縱離地。（圖92）

圖 92

圖 93

3.雙腳震腳落地，雙手
逆纏隨之下按。目視前方。
（圖93）

4.雙手雙順纏上掤，
右腿隨之屈膝提起，腳尖朝
下。目視前方。（圖94）

圖 94

圖 95

5.重心在左腿，身體迅速左轉；右腿裡合外蹬，右掌逆纏前推，左手逆纏合於左胸前，向左後發肘勁。目視右前方。（圖95）

6. 右腳跨步外擺落地，重心逐漸移至右腿，左掌順纏下沉。身體做好右轉前縱的準備。（圖96）

圖 96

7. 右腳前掌迅速蹬地彈起前縱，身體在空中向右旋轉180度。同時，左手逆纏向前猛推，右手向後開。目視左側。（圖97）

圖 97

圖 98

8.左腳先落地，右腳從左腿後插過，腳尖著地。同時，左掌前推，右掌後開。目視左側。（圖98）

圖 99

9.身體右轉180度，同時隨轉體兩手右逆左順纏，由左向右轉捋。目視身體右前方。（圖99）

特別要提醒習練者注意的是，玉女穿梭動作中的「雙逆纏」和「雙順纏」動作往往是容易被習練者忽視的。

陳鑫云：「纏絲勁發源於腎，處處皆有，無時不然，一衍溢於四體之內，浸潤於百骸之中，達四梢，通九竅，增長內勁無窮。」尤其轉關，更離不開，甚至依靠大小、順逆各類纏絲來完成。

纏絲勁的運動方式有很多，有「百般纏法」之說。其中，順、逆纏絲勁是陳氏太極拳運動中相互矛盾、相互轉化又互為其根的兩種基本纏絲法，它們存在於太極拳整個套路運動過程中。

在這兩種基本纏法之下，因方位不同和變換各異，還有方位的不同纏絲勁。即：左右纏絲、上下纏絲、裡外纏絲、大小纏絲、進退纏絲等等。因此，太極拳每一個拳式，在順逆基本纏絲的基礎上，還有不同方位的纏絲勁結合在一起運行。所以，掌握纏絲勁的運動規律和方法，是練好陳氏太極拳的重中之重。

第七章

陳氏太極拳發力的
順序表現與習練的要領

　　陳氏太極拳剛柔相濟、快慢相間，鬆活彈抖是陳氏太極拳重要的表現形式。太極者柔極而生剛，練柔為體，練剛為用。這裡的「剛」就是陳氏太極拳所體現出的力量，要打好陳氏太極拳的爆發力，必須先去僵求柔，周身放鬆。

　　陳鑫《陳氏太極拳圖說》曰：「筋骨要鬆，皮毛要攻，節節貫穿，虛領在中。」即指在立身中正的基礎上，全身各個關節鬆開，肌肉放鬆，隨時可以調動周身任何部位在任何時間爆發出來力，完全不加一絲勉強，揮灑自如。放鬆是發勁的前提，極柔方能極剛，只有做到充分的放鬆，去掉全身之僵勁，全身骨節鬆開，肌肉鬆弛，勁力節節貫穿，才能夠發出完整一氣的彈抖勁。

　　如何才能把太極拳發力練好？拳論曰：「其根在腳，發於腿，主宰於腰，行於梢。」這句話闡明了太極拳氣與勁力的傳遞路線是從腳底而起，經踝關節，過膝蓋，由腿而上至腰胯，再由腰胯傳遞到胸背，然後到肩肘、兩臂，最後行於手指（梢）。這裡明確描述了太極拳發力時勁力節節貫穿的傳遞關係。

　　這其中包含了四個方面的內容：

　　首先是「其根在腳」，是要求行功時將腰勁鬆沉下去，鬆到腿上，再鬆到腳上，讓這個向下的勁力由腳底觸到地面後反彈，再返回來上升（其根在腳）；

　　其次是「發於腿」，是講勁力的傳遞，由腿部纏繞蓄力（發於腿）；

　　第三是「主宰於腰」，是講腰在發力過程中的中軸、

中樞作用，勁力要由腰胯的沉轉傳遞（主宰於腰）；

第四是「行於手指」是講勁力最後是由手（梢節）來體現的，手（梢節）是力量傳遞的最後一個環節，力量最後由手（梢節）發放出去，形成一個整勁。

陳氏太極拳講究纏絲勁，渾身上下裡外無處不纏，在練習發力時，對下肢的要求是旋踝轉膝，軀幹部要旋腰轉脊，上肢要旋腕轉膀，纏絲勁自腳一直纏至手指方為一氣貫通。這是陳氏太極拳發勁的規律，只有掌握好這個規律，才能真正做好太極拳的發力。

第一節　陳氏太極拳發力順序

一、「其根在腳」

力要從腳上起，勁不起於腳就是無源之水，沒有腳的蹬地反彈，就不會有節節貫穿的推動力，也不會發出威力強大的整體勁。

二、「發於腿」

蓄勁如張弓，由腿部纏繞蓄力。

三、「主宰於腰」

要有腰襠的抖彈力，在放鬆的基礎上，快速地擰腰扣襠，產生周身一體的彈抖力。

四、「行於梢」

這裡的「梢」並非局限於手，而是指擊點，太極拳要求周身各個部位都能發勁。

第二節　練習太極拳發力的三個階段

練習太極拳發力，可分為三個階段。對於初學者來說，剛開始練習發力的時候，要做到「其根在腳，發於腿，主宰於腰，行於梢」是需要一個過程的。

對初學者來說，練習的時候會比較緊張，不會放鬆，還處在去僵求柔的階段，身上還沒有練出鬆沉勁，只能用上肢的力量來發力，所以在練習發力的時候，基本上都是用胸背和胳膊的力量來發力，這就是初學者練習發力的第一個階段。

如何做到「去僵求柔、周身放鬆」呢？

拳論上講：「筋骨要鬆，皮毛要攻，節節貫穿，虛靈在中。」

所以，要練好陳氏太極拳的發力，第一步就要去僵求柔，徹底摧毀人體長期養成的拙勁、蠻力，必須先在去僵求柔、周身放鬆的基礎上下工夫。

初學太極拳者，大多思想緊張，身體僵硬，動作也比較僵硬，不能圓活柔順，所以，習拳的第一個階段是去僵階段，也就是化僵為柔時期。

習練太極拳，全身必須要放鬆，要去掉人本身的僵

勁，拳論強調越鬆越好，越鬆得開，越能把僵勁儘快去掉。等僵勁去掉以後，便能達到靜脈暢通、舒筋活絡的目的，使原來比較僵硬的動作變得比較靈活，協調性好，練拳也感到順了，這樣就產生了柔勁，同時就產生了內勁的感覺。

到這個時段，就不能一味地求柔了，否則就要失之過柔，而是要求在鬆柔的過程中，向剛逐漸過渡，就是「積柔成剛」的階段。

不能錯誤理解鬆柔才是太極拳，應該知道鬆柔不是最終目的。它是為了達到「剛」所做的一種手段，柔是為剛所做的鋪墊。這裡說的「剛」並不是那種生硬的剛。這個時候要多練發勁，也就是從柔中產生的發力，這就符合太極拳鬆活彈抖的原則。這樣才能使動作做到鬆沉、渾厚、連貫、飄逸。

練拳時放鬆必須先從心理入靜著手，排除雜念，意靜神安，並由意念引導身體各部位放鬆，身心坦然。意念由靜入鬆，是陳氏太極拳放鬆的關鍵所在。在意念放鬆的前提下，引導軀體各部位嚴格按照太極拳的規範要求循規蹈矩地練習。

初學拳時，要求嚴格按照身樁端正、虛領頂勁、鬆肩垂肘、含胸塌腰、鬆胯圓檔、氣沉丹田等要求，有意識地使全身關節、肌肉、整個骨骼鬆開，放展，使韌帶拉長，忌僵硬。由鬆開、放展，使全身有機地聯繫起來，更好地連接成一個整體。

就是在練習時要按照太極拳「鬆肩沉肘，鬆胯屈膝」

的要求，將肩部、背部、腹部、肋部、腰部、胯部、腿部
肌肉鬆弛下沉。

在去僵求柔階段，初學太極拳者要周身放鬆，在立身
中正，虛領頂勁，上身鬆而靈，下盤穩而活的基礎上，做
到鬆而不散、鬆而不亂、鬆中有神和氣貫注。

把本身帶有的拙勁、笨力去掉，把這種鬆柔之力練成
一種靈活性好、協調性強的鬆柔勁。然後把這種柔勁再練
成一種帶有彈性的剛勁。也就是極柔方能夠極剛，去僵求
柔，積柔成剛，柔化剛發。（圖 100）

圖 100

　　初學者練習發力的第二個階段，是習練者開始練習轉腰轉胯，勁力也開始往下沉，鬆到了腰襠，透過腰襠的配合，能夠蓄力於腰襠，所以，此階段發出的力用的是腰襠勁。

　　這個階段要特別注意腹股溝的轉動練習，使腹股溝能夠帶動腰襠靈活地轉動。這是一個特別重要的階段，對發力練習來說起到一種承上啟下的作用。（圖101）

圖 101

　　腰襠勁學會後，我們再往下練習，讓勁力鬆沉，過膝，過腳。

　　隨著習練者功夫的進步，身上的鬆沉勁能夠由大腿向下鬆過膝蓋，鬆過小腿，鬆過腳踝，鬆到腳底，力才能夠從腳底下反彈上行。

　　到了這個階段，習練者就能做到膝與腳結合，襠和胯結合，鬆肩垂肘，含胸塌腰，鬆胯圓襠，「其根在腳，發於腿，主宰於腰，形於手指」才能完整體現出來，才能真正地打出太極拳要求的整勁，這個階段就是太極拳發力的第三個階段。（圖102）

圖 102

第三節　陳氏太極拳發力的習練要領

一、在周身鬆沉的基礎上發出整勁

陳氏太極拳發勁主要就是建立在周身鬆沉、內勁充盈的基礎上，而且是爆發出來的勁。如果沒有柔勁就沒有剛勁，要發出剛勁，先要練好鬆柔。這裡的「鬆」是周身徹底的鬆，所發之勁是從聚於丹田、腰脊的力，周身的力所發出的整勁，是襠內的彈抖勁、腰部的旋轉勁。

如「掩手肱拳」這一式，發勁之前，身體中正，周身鬆沉，屈膝，鬆胯，含胸塌腰，鬆肩沉肘。勁合於右腿，右胯放鬆下沉，使右腿形成一個螺旋纏絲勁，像彈簧一樣，壓得越緊，反彈的力量越大。此時要意識集中，以靜待動，有一觸即發之勢。總之要全身鬆沉蓄勁，為衝拳發力做好準備。陳氏太極拳發勁靠的是速度產生的力量，不要用蠻力、拙力，不是靠肌肉的力量。（圖103）

圖 103

再如「左蹬一跟」或「右蹬一跟」，在蹬腳前身體下沉，提腿，屈膝，鬆胯，上下相合，周身鬆沉，氣聚丹田，配合吸氣，蓄而待發。此所謂「蓄勁如開弓，發勁如放箭」，「蓄要蓄得緊，開要開得盡」，「蓄緊開盡，如紙捲炮，捲得越緊，崩得越響。」

周身放鬆下沉是為了蓄勁，蓄勁是為了發勁蹬腳。蹬腳要用腰襠的彈力，以腰脊為源動力，勁貫四梢，腳和左、右拳同時發勁，吐氣貫長虹。所謂「如一勢之合，不但四肢合，而心意胸脊必先為之合；如一勢之開，不但四肢開，而心意胸脊必先為之開。凡一切動作必須由內達外。所以稱之為內勁。」所以陳氏太極拳所發之勁，應該是由內達外的內勁，統領全身的內勁。（圖104）

圖 104

又如「當頭炮」的兩拳合力向前衝拳發勁時，必先「勁隨兩手下挒合於丹田，蓄於右腿」，然後，心意一動，砰然抖發。「如金獅抖毛，猛虎下山，完全是腰襠的彈抖力，一動力貫拳頂。」可見衝拳發勁的力也是彈抖力，以腰脊帶動兩拳發力前衝。（圖105）

圖 105

二、時刻牢記腰為主宰

在太極拳鍛鍊中，任何發勁的動作，首先要腳踏實地、轉腰發勁。動作要沉著有力、穩重。腰在太極拳的練習中是非常重要的，它是我們身體力量的源泉。每個發勁動作，要以腰帶手、腰為主宰。發勁的原則是其根在腳、發於腿，腰為主宰，行於手，如此發出的勁，方能氣足力猛，勢大力沉。

三、要做到虛領頂勁

「虛領頂勁」在陳氏太極拳要領中尤為重要，發力的時候，不但要虛領頂勁，還要與氣沉丹田、含胸塌腰、沉肩垂肘相互配合。有頂有沉，上下之勢相稱，脊椎鬆豎了，身軀正直了。這樣方能找到「鬆」「空」的感覺，柔極成剛。

四、注意肩與腋的關係

肩要鬆開下沉，肘要鬆開下垂，這時「沉」和「鬆」是同時存在的，也就是做到沉肩垂肘。沉肩時，腋下還要保持虛空。腋下能虛，沉肩垂肘才能到位，沉肩垂肘與含胸塌腰相輔相成，使氣沉於丹田，守住沉勁，讓內氣在兩肩、兩臂通暢地運行起來。

五、用八分勁打出十分力

太極拳發力不能打滿、打死，要用八分勁打出十分的功力來，留二分做轉換。

第四節　陳氏太極拳發力的基本規律

一、太極拳的五種勁力

尺勁、寸勁、厘（同釐）勁、毫勁、絲勁是太極拳的五種勁力。這裡的尺、寸、厘、毫、絲是指中國古代的長

度單位。

　　首先是尺勁。剛開始打拳的時候，拳手發力前都是需要有一定的距離用來蓄勁，就是要把拳收回來再打出去，一般都要把拳收回一尺（3尺為1公尺）左右長的距離來，這樣打出去的拳才能有力量。這樣打出的勁力，就是尺勁。尺勁是太極拳發勁的初級功夫。

　　太極拳功夫再深入一步，就是練出寸勁，十寸為一尺，發出寸勁的距離較之尺勁就短多了，也就是說不需要那麼長的蓄勁距離，能夠在一寸的距離上就能把力量打出來，這叫寸勁。

　　能打出寸勁就說明拳者已經具備相當的功夫，標誌著拳者進入了武術修煉的「明勁」層級，但是寸勁對真正的太極拳來說只能叫入門功夫。

　　能夠打出厘勁來，才是太極拳「登堂入室」的功夫。十厘為一寸，在一厘的距離把力量打出來，厘勁的功夫才是太極拳真正的入門功夫。而太極拳真正的高手是能夠打出毫勁的，十毫為一厘。

　　過去的太極拳高手只要一搭手，毫釐之間就結束了，就是在特別微小的一個間隙就能夠發出強大的勁力，這就是毫勁。拳者練到厘勁、毫勁的階段，也就是達到了武術修煉的「暗勁」層級。

　　上述尺勁、寸勁、厘勁、毫勁都是向外發力，所發出的是向外的勁力。

　　太極拳最高級別的勁力是絲勁，十絲為一毫，太極拳裡有抽絲勁，有纏絲勁，這就是絲勁。到了絲勁境界的時

候就完全沒有向外的力量了。絲勁是由一個向內的力量而產生的向外的勁力。

在歷史上，有很多位太極拳先輩練出了絲勁，對手只要觸碰了他們身體的任何地方，只會感覺滑如泥巴，力入棉花，無處著力，然後就被擊飛出去。練到絲勁，就能具有太極拳「周身無處不是拳，挨到何處何處擊」的頂級功夫，也就是修煉到了武術的最高層級──無心成化的「化勁」層級。

二、陳氏太極拳發力的基本規律

陳氏太極拳的發力練習，必須在去僵求柔、周身放鬆的情況下，遵循「其根在腳，發於腿，主宰於腰，行於梢」這個太極拳發力的基本規律，循序漸進，用心揣摩。只要真正掌握了這個規律，無論在任何角度和部位發力，都能夠做到得心應手，隨心所欲，日久自會成功。

鬆活彈抖是陳氏太極拳的精華，也是陳氏太極拳與其他太極拳的主要區別之一。放鬆是發勁的前提，極柔方能極剛，只有做到充分的放鬆，去掉全身之僵勁，才能夠發出完整一氣的彈抖勁。

全身骨節鬆開，肌肉鬆弛，最大限度地減少對抗肌的用力，使力不至於在中途由於對抗肌的用力和緊張而消耗減弱，使周身之力能夠在一瞬間到達著力點，也就是集全身之力於一點發出。另外，肌肉緊張用力的時間要短，要在力達到落點的一瞬間緊張，然後再迅速放鬆，這就是說，發勁時肌肉緊張的時間越短，力達到落點的速度就越

快，威力也就越大。

意、氣是太極拳運動的靈魂，發勁要想達到一定的水準，就必須結合意念和內氣，以意領氣，以氣運身，氣到則勁到。意念一動，則全身皆動，在腰的帶動下，按照發勁規律，節節貫穿地使勁迅速達到著力點，勁到落點的同時肌肉緊張，這樣就會產生彈抖力，此力極富彈性，有力而不僵硬，如金獅抖毛，乾淨俐落。要想做好彈抖力，關鍵在腰襠，腰部旋擰，襠勁扣住，可使動作迅猛快疾，力達梢節。

練習發力，要以自己身體中心為軸，即以腰為軸心，在發勁時身體迅速向一邊轉動，產生離心力。按照力學原理，圓上任何一點都可以成為出擊點。要按圓的切線方向發出，並且發勁到落點時要講究前後左右的配合，也就是要注意對稱發力，不至於出現因發力落空而失重的現象，以保持自身的平衡。

下面以「掩手肱拳」為例，按照發勁的基本規律，具體講一下這個動作的發力要點。

「掩手肱拳」發勁時身體先向下鬆沉，這個向下鬆沉的力由腿部的螺旋纏繞，沉於右腳底，此時腳會給地面一個作用力，然後地面會給你的身體一個反作用力，這就是力起於腳，這個力迅速反彈出來之後，使其從右腳起，通過腿，讓其勁順著脊背上行至腰、肩、肘，再到手，從右肩、右肘、右腕到右拳面上，發出一個整體的勁力。

具體如下：「掩手肱拳」動作的發力預備式是重心落在右腿上，右腳尖扣（有利於發力時蹬地反彈），右手變

拳放於右肋側，左腿在前，左手掌置於左前方，兩眼自然平視，周身放鬆，自然合住勁，做好蓄勢。

拳譜講：「身如弓弦手如箭，蓄勁如開弓，發勁如放箭。」所以在蓄勢時要做到一身備五弓，周身上下全部合住勁，全身肌肉放鬆下沉，身體自然中正。發勁時，重心迅速由右腿移向左腿，鬆左胯，同時由右腳蹬地（利用地面的反作用力）轉膝，擰腰，扣襠，轉胯，順肩，使勁迅速傳遞到拳上。整個身體向左旋轉，左肘在右拳發出的同時，迅速向後發力，和右拳正好形成對稱力。

如此，既可以保持自己的身體平衡，使自己不至於在發力時身體前傾而失去重心，在實戰時則不被對方引動而失勢，又有助於右拳的發力，左肘快速後拉可以推動右拳向前發力，從而做到集全身之力於一拳。這是就力學上講的旋轉離心力。另外，在發勁前一定要盡可能放鬆，在勁達到落點的一瞬間，肌肉才能緊張，正如我們前面所講的——周身放鬆可以加快發力的速度。勁到落點的一瞬間緊張，可以將力發透，而後再迅速放鬆。

「拳無定法」，陳氏太極拳有很多種發力方法，我們應遵循陳氏太極拳發力的基本規律，刻苦磨鍊，認真研究和總結，努力練出高品質的尺勁、寸勁、厘勁、毫勁，乃至絲勁，最終達到「周身無處不是拳，挨到何處何處擊」的境界，無論在任何角度和部位發力均能隨心所欲，無堅不摧。

第八章

陳氏太極拳
虛實與開合的關係

太極拳運動，無非開合二字。陳鑫在《太極拳經譜》中說：「開合虛實，即為拳經。」「一開一合，拳術盡矣。」打拳就是虛實轉換，開合交替，一開一合，一虛一實，拳術所有的奧妙都在這裡。所以學習掌握太極拳的虛實變化、開合轉換的關係，對學好太極拳有著至關重要的作用。

陳氏太極拳要求一動就分虛實，就有開合。不但外形相合，體內也要相合，每個動作中都包含著虛實、開合，每個動作都有一開一合、一虛一實。

開，為伸展放大，開時內外俱開；合，為收斂縮小，合時內外俱合。一動有開合，一動分虛實。

第一節　太極拳的虛實

習練太極拳要求周身上下、四肢百骸無處不有虛實之分，所以說練習太極拳的所有動作都必須分清虛實。動作能分清虛實，即可靈活轉化，才能耐久不疲，不致困頓。

練太極拳時不僅雙手、雙足要有虛實，左手和左足、右手和右足也要上下相隨，在運動中分清虛實，左手實則左足虛，右手虛則右足實。一招一勢，虛虛實實，遍藏玄機。虛，不是全無力量；實，也並非全部落實，只是比重各有所偏罷了，比如二八分，三七分，四六分等。整體要做到實中有虛，虛中有實。

分清虛實，但不要過偏。過偏不利於靈活轉換。分清虛實，不可過實，過實則遲滯，也不可過虛，過虛則浮

飄，無著無落，根基不穩。

　　陳氏太極拳的腿上虛實變化和身、手的虛實變化一樣，不論是前實後虛、後實前虛、左實右虛、右實左虛，都要求虛實分明，虛實不是絕對的，虛實關係是相對的。

　　太極拳從整體動作來分，動作達到終點定勢為「實」，動作運轉過程為「虛」。從動作局部來分，主要支撐體重的腿為「實」，輔助支撐或移動換步腿為「虛」；體現動作主要內容的手臂為「實」，輔助配合的手臂為「虛」。虛與實在太極拳中是相輔相成的，是矛盾的對立統一。

　　太極拳中，無論上肢、下肢、軀幹，以及身體各部都存在有虛實。如「單鞭」中的弓步，身體重心偏於左腿，因此，左腿為實，右腿為虛。兩手的虛實，意念著重於右手，則右手為實，左手為虛；意念著重於左手，則左手為實，右手為虛。

　　如「單鞭」中左手坐腕為實，右手勾手為虛。因為，這時意念著重於左手。就整個左手來說，也要分虛實，左掌內側為虛，外側為實。因此，就整個單鞭動作來說，左右手和左右腿都有虛實之分，而左手又分虛實。（圖106）

圖 106

　　再如「雲手」中兩腳移動，移左腳時，重心在右腳上，右腳為實，左腳為虛（圖107）；移右腳時重心在左腳上，左腳為實，右腳為虛（圖108）。

圖 107

圖 108

太極拳運動中身體各部虛實的出現及其轉換是不固定的、短暫的，完全隨著拳姿的變化而變化。但也應該看到，為了維持身體平衡，實腳支撐體重後，虛腳還要起到一個支點的作用。既要分清虛實，又不要絕對化。

根據動作的虛實變化，勁力有柔有剛，張弛交替，動作做到終點時，也要求各部位關節和肌肉保持少許伸縮轉化餘地，虛中有實，實中有虛。

第二節 太極拳的開合

太極拳中的開，就是伸放開展之意，而合，是引、蓄、化、屈、收之意，那麼開合就是指一陰一陽、一剛一柔、一蓄一發的道理。

在陳氏太極拳運行中的開合，也是「開中有合、合中有開」，「開中有開、合中有合」。在太極拳運動中，開合的變化一般以腰脊為軸心，鼻子為中線，四肢向外去的叫做「開」，向內的叫做「合」。

太極拳所講的開合，雖然在概念上具有相對固定的含義，但在實際中的「開」「合」卻從來不是孤立地、靜止地存在的，而是相互並存、交替變化著的。

不要將「動之則分，靜之則合」簡單地理解為「動就是開、靜就是合」，認為所有的「動」都是「開」，站在那裡不動就是「合」，這種僵化的觀點不符合太極要義。

太極拳意念體用上的「開」和「合」分別指的是「由合向開」和「由開向合」的動態轉換過程。正所謂「合中

寓開」，「開中寓合」。實中有虛，虛非全然無力，虛中有實，虛實即開合。

太極拳「一處自有一處虛實，處處總此一虛實」。太極拳的「開合」同樣也是「一處有一處開合，處處總此一開合」。

每個動作都要講究開合並存，合中寓開，開中寓合，彼處合，此處開，有時上開下合，有時下開上合，有時前開後合，有時後開前合，有時左開右合，有時右開左合，有時中開外合，有時外開中合，還有雙開雙合等多種形式。太極拳的開、合要具體分析，不能籠統而論，要做到開合有致，虛實分明。

開與合是對立的，又是統一的，是相輔相成的。如欲開必先合，有合則才能開。

陳鑫說：

「動靜循環，豈有間哉！吾所謂：一動一靜，一開一合，足盡拳中之妙。」

「一開一合妙無微，上下四旁成化機。縱有六子俱巧舌，也難描寫雪花飛。」

「一開一合，變化無常，虛實兼備，忽現忽藏。」

這些都是形容周身開合的精論，而且有很多哲理存在其中。故陳鑫用「縱然六子俱巧舌，也難描繪雪花飛」來描述開合的奧妙，即使是歷代的聖哲和語言大師也難用語言表達和描述太極拳開合中的微妙和美景。只有習練者自己狠下工夫練習，在實踐中去仔細體會方可明白。

第三節　虛實與開合的關係

一、開與合是由內及外、以外引內、內外合一的

太極拳講究外形的開合，也講究內動的開合，那就是在意識指導下動作與呼吸必須配合，也就是意識、呼吸、動作三者密切配合，練意、練氣、練身要同時進行，要求肌肉、骨節、內臟器官透過內部活動來配合身軀四肢的外部運動。

開合著重在內部的變動，而不在於外部動作形態。內動的開合，開為伸展、放大，合為縮斂、收小。練習內外統一的開合時，應該揣摩「內不動，外不發」這兩句話。動作開時內外俱開，動作合時內外俱合，神氣貫穿，周身完整，渾然無間，轉接要一氣呵成，勁力集中到一點，並能隨時靈活變換。

二、開中有合，合中寓開

在一開一合之中，還要進一步要求「開中有合，合中有開」，「開中有開，合中有合」。太極拳的行氣運動，由腰脊主宰，運用纏絲的螺旋形動作向著四梢去的叫做「開」，從四梢回歸丹田的叫做「合」。

三、虛中有實，實中有虛

虛實從意念上說，以手為例，如意念集中於右手，則

右手為實，左手為虛；意念集中於左手，則左手為實，右手為虛，這是兩手的虛實分明。經由一段時間的鍛鍊，在虛實已經分清的基礎上，還要進一步要求實中有虛，虛中有實。

仍以手為例，原來已經分清虛實的手再要求分清虛實，虛的手要虛中有實，實的手要實中有虛。例如前推的手為實，向前推出的一面為實，背面為虛。這種實中有虛，是為了把力量集中於一點，不該用力處都要放鬆，貫徹用力經濟的原則。

推出的一面為實，可喻為刀口，背面為虛，可喻為刀背，意為力點要集中在刀口上。後手為虛，但是要求也有意念貫注其中。這種虛中有實，是為了平衡重心，並使前手發力更足。

太極拳每一動作的虛實是在不斷變換的。腿部的虛實，不論前虛後實或前實後虛，也不論左虛右實或左實右虛，都要求虛中有實，實中有虛，虛非全然無力，實非全然站死。這樣才能使步法的變換靈活迅速。

初練太極拳時，步法要大虛大實，練拳稍久，功夫純熟後，由開展而漸緊湊時，虛足與實足的比例要逐步縮小，虛實的距離越微短，變化就越靈活快速。

虛實的轉換，跟開合一樣，也是在意識指導下先內動而外動，內外要合一，開合虛實貫徹在太極拳的每一勢一動之中，隨著動作的變化，總是一開一合、一虛一實、開中有合、合中有開、虛中有實、實中有虛地交替變換著。如果意念連續集中於一手或兩手同時向同一方向運動，那

麼虛實的變換應該隨著動作的開合去變換，亦即開時為實，合時為虛。

四、開合虛實是漸變的，是內外協調的

由開到合，由合到開，由實變虛，由虛變實，是漸變的，不是突變的，其變換過程與動作變換運行的起止、速度等相適應。這種漸變的練法，近乎靜力性運動的練法，最能發展耐力和力量，不但運動量極大，而且動作可以逐漸做到細膩，內勁可以逐漸增強，使柔中寓剛，全身沉著鬆靜。

虛實不能像一般所能理解的那樣僅僅是手足要分清虛實，實際上胸腹背部的肌肉、骨節和內臟器官的活動都要分清虛實，並且這是動作的主要部分。

所以，太極拳前輩說：「緊要全在胸中腰間運化」，「一處自有一處之虛實，處處總是一虛一實」，「勁由內換」，「凡此皆是意，不在外面」。如果僅有手足的虛實，沒有胸腹背部的虛實，那就沒有內動來支配外動，那就不是整體的、內外合一的運動了。

第九章

陳氏太極拳
呼吸與動作的關係

呼吸是習練太極拳一個特別重要的內容，習練太極拳有「內練一口氣」之說，這就充分說明了呼吸與太極拳運動密切相關。

太極拳，無論是練套路，還是練推手，其呼吸始終與動作自然結合、通順。而太極拳的動作如何與呼吸進行配合，這是很多太極拳習練者十分關注的問題。

第一節　生理學上呼吸的幾種形式

講呼吸，我們首先要瞭解一下在生理學上呼吸的幾種形式：

第一種是肺呼吸，也叫外循環呼吸。氧氣進入肺，由肺部進行呼吸交換，肺呼吸從胎兒出生之始，無時不有，陪伴人的一生。

第二種為內循環呼吸。肺部吸進去的氧氣由血管微循環在體內進行血氧交換，在體內經絡中進行循環，布於臟腑身軀，再由人體靜脈回流交換出去。

第三種為皮膚毛髮呼吸，也是呼吸的一種表現形式。

第二節　陳氏太極拳的呼吸

一、自然呼吸

自然呼吸也就是人的本能呼吸方式。修煉太極拳時，按自己平時的習慣，自然呼吸，不必受動作約束，呼吸以

細、勻、深、長為宜，但都是自然的，毫不勉強。這對初學太極拳的人尤為適宜。

在初學太極拳時要記動作，套路還不夠熟練，不可能兼顧到呼吸，此時按自己平時的習慣，毫不著急、毫不努氣地自然呼吸，不必受動作約束。做動作時，當吸則吸，當呼則呼，一切通暢自然。

這一階段是「重形不重意」「練形不練氣」。如過早地關注呼吸配合動作，易出現憋氣，對健康不利，對學動作不利。

本階段應著重用心把握好動作規範，把動作學準確，將功夫架學紮實，打好形體基礎，這是學好拳的關鍵一步。

如果強行使動作與呼吸配合，就會顧此失彼，反而會使精神緊張，動作和呼吸都不容易練好，而且因為緊張現象會妨礙和破壞呼吸自然規律。正如《拳論》中所講的「全身意在神，不在氣，在氣則滯」。

在太極拳修煉的初期階段，只要求做到能由調節呼吸消除緊張、緩解壓力、形體舒鬆自然。這個階段只要求呼吸順其自然。

二、逆腹式呼吸

逆腹式呼吸是指吸氣時腹部自然內收，呼氣時小腹自然外鼓。

逆腹式呼吸，生理學上稱為變容呼吸。在呼吸時改變腹腔容積，而使腹腔改變的內容物不是吸入或呼出的空

氣，而是另外一種物質，這種物質就是「內氣」。所以，逆腹式呼吸法在名稱上是一種呼吸空氣的方式，實質上則是內氣的「呼吸」。

逆腹式呼吸吸氣時小腹內收，橫膈肌上浮，丹田氣上行聚於胃部以上和胸腔，胸廓自然擴張，胸腔充盈至極致，腹腔空縮到了極致，太極拳的蓄勁完成。呼氣時小腹外突隆出，橫膈肌下沉，內氣下沉至丹田。

三、丹田呼吸

丹田呼吸是逆腹式呼吸的繼續與發展。因逆腹式呼吸能較好地做到氣沉丹田，使內氣運行而牽動腹肌，所以說丹田呼吸實際是腹肌運動呼吸，它的感覺是呼氣、吸氣時腹肌都收縮，鬆弛只在呼吸之間的瞬間。

練拳時不管是大開大合，還是急進急退，呼吸完全與動作合拍，這時呼、吸都可做到氣沉丹田，內氣運行更充實。這時動作與呼吸的關係是主與從的關係，呼吸緊跟動作、配合動作，是腹肌運動的結果。

第三節　陳氏太極拳呼吸與動作的關係

神、意、氣是構成太極拳內功的三大要素。其中氣與呼吸法，既是練好內功，又是學好拳架的重要因素，它對整體技術的提高和身心健康十分重要。拳論講，「能呼吸然後能靈活。」那麼，練習太極拳時如何掌握與運用呼吸呢？應循序漸進，分階段修煉。

第一個階段：自然呼吸階段

「自然呼吸」即人的本能呼吸方式。初學或習拳兩三年者均應採取此種呼吸方法。

修煉太極拳時，按自己平時的習慣，毫不著急、毫不努氣地自然呼吸，不必受動作約束。練拳時，當吸則吸，當呼則呼，一切通暢自然。

這一階段意、氣、形的技術特點是「重形不重意」「練形不練氣」。如過早地關注呼吸配合動作，易出現憋氣，對健康不利，對學動作不利。本階段應著重用心把握好動作規格，把動作學準確，將功架學紮實，打好形體基礎，這是學好拳的關鍵一步。

第二個階段：以呼吸配合動作

太極拳動作與呼吸配合的基本規律是：在變換姿勢時吸氣，掌或拳向前擊出時呼氣，起吸落呼。注意，呼吸與動作的關係是呼吸配合動作，而不是動作來配合呼吸。在意識支配導引下，形成呼吸配合動作，動作導引呼吸的有機結合。做到「意到氣到，氣到勁隨」相統一的、有序的完全拳勢呼吸。

練習要注意，太極拳不是按呼吸規律編排的，呼吸與套路結構不是處處相配合對應的。練習時，絕不能因動作而限制呼吸、憋氣，否則反而違背養氣目的。

我們以「太極起勢」為例，體會一下動作與呼吸的關係：

1. 兩腳並立，呈立正姿勢。兩臂下垂於身體兩側，手心向內。頭自然正直，唇齒微合，舌尖抵住上齶，雙目平視。心氣下降，自然呼吸。

2. 接上勢，屈膝鬆胯，身體放鬆下沉，提左腳向左橫開半步，腳尖先著地，比兩肩略寬，腳尖微外擺，含胸塌腰，鬆肩沉肘，立身中正，頭自然正直，虛領頂勁，雙目平視。自然呼吸。

3. 接上勢，兩手緩緩上升與肩平，手心向下，沉肘鬆肩；隨兩手上升，身體慢慢下降，鬆胯屈膝，胸、背、肋、腹各部肌肉均要鬆弛下沉，兩腳踏實，雙目平視。兩手上升時吸氣。

4. 接上勢，身體繼續下沉，屈膝鬆胯，兩手隨著下按至腹前，手心向下，雙目平視。兩手下按時呼氣。

「太極起勢」主要動作是上提下按，一起一落，呼吸配合則是起吸、落呼，此時呼吸快慢要與動作的速度一致。如果動作做得快，呼吸也要加快。動作正常勻速，呼吸就要勻速配合。動作慢的時候，呼吸也要慢。

陳鑫云：「打拳以調養氣血，呼吸順其自然。調息綿綿，操固內守，注意玄關。」

這裡的綿綿不是慢的意思，而是表示次數，表示很多次的意思。就是說要用多次呼吸來配合動作。呼吸配合一個動作的完成，是要根據練拳的速度來決定的，動作如果快的話，呼吸就要急促。

練拳不是一種速度，當你的動作放慢一倍，呼吸的次數就要增加。很多拳友打拳的時候慢不下來的原因是因為

呼吸沒有配合好動作。

　　一個動作可一呼一吸，也可幾次呼吸。當一次呼吸無法完成一個動作時，你必須是呼吸兩三次，甚至多次。如果想讓動作練得緩慢，那你呼吸的次數也要隨著動作增加。

　　自然呼吸就是指這個呼吸的次數要根據你練拳的速度來配合。就是說你打一遍拳原來要15分鐘，15分鐘可能需要500個呼吸來配合，現在打一遍拳要練到半個小時，那你的呼吸就要增加到1000個。如果想練45分鐘，那你的呼吸可能要增加到1500個左右，按照這樣的配比來配合動作。

　　本階段，拳架應比較熟練，打拳完整協調，連貫圓活，和諧流暢不「斷勁」。這時，意識能夠主導整體動作的部分要素，大腦皮層可以兼顧呼吸運動，在意識的引導下，對一些簡單和開合明顯的動作以呼吸配合。

第三個階段：以逆腹式呼吸、氣沉丹田配合動作

　　逆腹式呼吸法的實質是藉助口鼻呼吸，以意念、拳勢為導引，結合放鬆的心態，來推動內氣的升降、鼓盪，達到拳論所說的「以心行氣」「以氣運身」和「氣遍身軀不少滯」。

　　逆腹式呼吸的基本規律是：動作時肢體上舉、後收時吸氣，向下、向前時呼氣；胸腔舒張時吸氣，胸腔收縮時呼氣；隨勁力蓄收時吸氣，隨勁力發放時呼氣。

　　逆腹式呼吸法，必須經過長期練習才能運用自如。開

始練習時，按照「吸氣時腹肌收縮，腹壁回縮或稍內凹」「呼氣時腹肌放鬆，腹壁隆起」的要求練習。

很明顯這是一種隨著呼吸進行的「腹肌運動」。這樣的運動，要逐步做到用意不用力，逐漸使用力減少、用意增加，從而達到掌握「逆腹式呼吸法」的目的。

練拳時不管是大開大合，還是急進急退，呼吸完全與動作合拍，這時呼吸能夠氣沉丹田，內氣運行更充實。這時動作與呼吸的關係是主與從的關係，呼吸緊跟動作、配合動作，是腹肌運動的結果。

此階段是指呼吸與動作（肢體的展收、勁力的蓄發、攻防意識的表現等）緊密配合，是習拳達到一定程度自然形成的一種呼吸方法。

本階段，動作已基本正確，動作規範，已由「以外導內」達「以內引外」的拳法要求。這一階段意識已是主導整體動作各要素的主帥，在意識支配導引下，形成呼吸配合動作，動作導引呼吸的有機結合。真正做到了「意到氣到，氣到勁隨」，「內外相合」與神、意、氣、勁、形統一有序的呼吸。

呼吸方法：以鼻呼氣或口鼻同時呼氣，不可用口吸氣；呼吸要領為深、長、均、細、緩；呼與吸交換時，有個似停非停的短暫過渡。

下面以「金剛搗碓」為例，體驗拳架與呼吸的配合：

1. 頂勁虛虛領起，以中氣潛轉為軸，腰勁先稍向左轉，後向右旋，身體螺旋下沉，雙手左逆右順，走弧線向左前方掤出，膻中穴微內含，周身合中寓開，丹田吸氣。

2. 腰勁微向右旋，身體螺旋下沉，雙肩左催右領，引導諸穴內氣潛轉，膻中穴微內含，心氣與橫膈膜同步沉降，坐腕旋轉，氣聚軸腕，內掤外折，目視右手，丹田呼氣。

3. 腰勁向右旋，身體螺旋下沉，胸腰由左向右做下弧運化，雙手旋腕轉膀，向身體右側運展。同時鬆左胯，泛右臀。周身合住勁，繼續呼氣。

4. 重心移至右腿，左腿提起，裡合扣襠，五趾抓地，小腹關元內斂納氣。雙手上掤，目視左前方，氣由丹田上行，丹田吸氣。

5. 鬆腰呼氣，身體螺旋下沉，左腳內側向左前方滑出，內氣順左腿沉降至湧泉穴，一吐既納。雙手向右上方加掤勁，膻中穴微內含，勁催至雙手加掤勁，氣下行至左腳。

6. 腰勁鬆沉，雙肩鬆開，右催左領，左手折腕旋轉，鬆右胯，泛左臀，雙膝打開併合住勁，五趾抓地，湧泉穴由吐變吸，周身合住勁。

7. 以腰勁旋轉領半身轉動，催腎氣左右上下立圓滾動，身體螺旋上升，牽動往來氣貼背，雙腿裡纏，襠勁前合後開撐圓，周身合中寓開，丹田吸氣，目視前方。

8. 鬆腰呼氣，身體螺旋下沉，腰勁向下鬆串，右腳震腳落地，右拳順纏下沉，落於左掌心，兩臂撐圓，鬆胯屈膝，氣沉丹田，周身渾然一體，此動呼氣。

本階段，以逆腹式呼吸法為主，自然呼吸為輔。因為太極拳不是按呼吸規律編排的，呼吸與套路招式、動作不

可能處處相配合。練習時，絕不能因動作而限制呼吸。應銘記，「氣以直養而無害」。

第十章

陳氏太極拳拳法解析

陳氏太極拳是中華武術優秀的拳種之一，也是各式太極拳的起源。

陳氏太極拳在流傳的過程當中，保留了拳術特有的拳法和技法。

陳氏太極拳集武術技擊、修心健體、養生防疾為一體，表現出陰陽虛實、螺旋纏絲、節節貫穿、剛柔相濟、快慢相間、蓄發鮮明、連綿不斷、躥蹦跳躍、閃展騰挪等特點。

現傳陳氏太極拳的套路有老架一路、老架二路、新架一路、新架二路、小架一路、小架二路，還有刀、槍、劍、棍等。

我們在學習陳氏太極拳的過程當中，要深刻瞭解和解讀陳氏太極拳中的拳法特點和要領，充分瞭解陳氏太極拳中武術的特性。

陳氏太極拳拳法中，有「掤、捋、擠、按、採、挒、肘、靠」八大勁法，以及「進、退、顧、盼、定」五種步（身）法，統稱「八法五步」，通稱「太極十三勢」。

其中，「掤、捋、擠、按」為四正手，「採、挒、肘、靠」為四隅手。

「掤、擠、肘、靠」是四個進攻的手法。

「捋、按、採、挒」是四個化解的手法。

第一節 太極十三勢

一、八法之掤勁（圖109）

圖 109

「掤勁意何解？如水負行舟，先實丹田氣，次要頂頭懸。全體彈簧力，開合一定間，任有千斤重，飄浮亦不難。」

掤勁是太極拳的母勁，即基本勁，是太極拳功夫的一種表現，可隱可顯，隨變而變。掤勁實際上是一種圓潤勁、膨脹勁、剛柔相濟的彈性勁。

陳氏太極拳所說的掤勁，其實就是一般拳家所說的內勁。這種內勁是指螺旋運動的順逆互變，經由持久鍛鍊自

然產生的，能在內裡變化的纏絲勁。掤勁是長期演練太極拳產生的內勁形於外的一種勁別形式。掤勁在練拳或推手中無所不在，無時不有。

掤勁是一種由下向上、由內向外，或者準確地說是一種上下、內外對拔撐拉的意念勁。掤勁時骨骼拉開，肌肉韌帶用意念放鬆。

掤勁有膨脹之意，爆炸之勢。整個動靜過程的始終都要呈現出圓轉自然之形、中正安舒之態、鬆靜開闊之神、隨遇平衡之性。

太極拳的掤勁不是頂勁，掤勁是以內使外之力，以陰助陽，以陽導陰，陰陽互助之力；是旋轉滾切之力，不是直力；是柔和鬆靜之力，不是努力努氣之力；是以心行意，以意導氣，以氣運身，節節貫穿之整力，不是局部之力；最重要的是太極拳強調用意不用力。

而頂勁是外形之力，是局部之力，是努力努氣之力，是以硬碰硬，以力取勝之力。

二、八法之捋勁（圖110）

「捋勁意何解？引導使之前。順其來時力，輕靈不丟頂。力盡自然空，丟擊任自然。重心自維持，莫被他人乘。」

捋勁是太極拳基本技擊方法，也是太極拳技擊八法之一。捋勁是太極拳實戰技擊中的一種以小力勝大力、以弱勝強、引進落空、四兩撥千斤等巧妙的技擊方法的完美體現。

圖 110

　　捋勁的實戰用法主要以退為進，誘敵深入，使對方在不知不覺中落入陷阱之中，我方由被動變為主動。

　　捋勁有收回之意。也就是當對方用拳或掌以直勁擊打來時，我方不抗不採，透過用單手或雙手之力，也可以用小臂尺骨或加另一隻手的配合之力來完成，一定要順勢向對方發力的方向旋轉帶動拋出，將其力引進落空，此種勁力即捋勁。

　　單手或雙手向左（或右）側後牽引叫捋。臂需外旋或內旋，動作走弧形。捋的關鍵動力在於腰腿與意氣，而非手臂。

　　以捋發勁時，須全身精神貫注，眼神更須注視對方。捋勁要以意貫注祖竅穴，引氣使手臂由前伸回收，並向左或右沿平圓旋轉。捋勁可以補其他發勁的不足。

捋法：

即用單手或雙手黏住對方腕與肘，引進落空並順勢發勁之法。也把橫向引化稱為捋，捋為化解之法。形式上有定步捋和退步捋及轉身捋等。

正確有效地實施捋法，需以懂勁為前提，知己知彼，引進落空，以退為進，做到隨機應變。捋可破掤，亦可化解其他進攻之手，並黏其腕，向左右上下引進落空，使對手重心不穩而跌撲。

捋時須以腰脊為軸心，由兩腿的虛實變化，由襠勁的輔助來完成。至於捋的角度、方位、輕重、力的大小等，在應用時須加注意，否則達不到預期的目的。

捋的方式也有很多，左捋、右捋、前捋、後捋、上捋、下捋、捋採、採拿、捋肩、捋肘、捋靠等等。

捋勁有定步轉腰捋、撤步順勢轉腰捋和轉身順勢大捋等捋法。捋勁在實戰應用中一定要順勢捋，捋勁時要求周身上下配合協調，不可妄動，一定要把握時機，用力時要做到無過無不及，恰到好處，這樣的捋勁才能達到四兩撥千斤的效果。

三、八法之擠勁（圖111）

「擠勁意何解？用時有兩方。直接單純意，迎合一動中。間接反應力，如球撞壁還。又如錢投鼓，躍然聲鏗鏘。」

擠勁是太極拳推手的八大勁之一。擠勁是採用離心力進攻的手法。所謂擠，是指占位性進擊，使敵失去重心和

圖 111

有利位置，常有順彼勁之意。一臂屈於胸前，另一手扶於
屈臂手的腕部或前臂內側，兩臂同時向前走勁叫擠。

　　擠時不可過高或過低，擠不能用手臂之力，而要用腰
腿勁，再加以意氣。擠勁要以意貫注夾脊穴，引氣使雙手
相合推出。

　　擠勁是趁對方抽身的空隙，我方在上肢不失重心的原
則上用掤勁來威脅對方的技法。雙手、單手、胳膊、肩、
身都可用擠。擠勁關鍵在於腰腿的發力，要借蹬地之力，
前足弓，後足蹬，兩者須同時進行。要求動作短、意念
遠、勁長，周身合力於交點。採用以整擊散之法，攻擊對
方空虛之位。

　　「擠」也可用於誘敵。擠可隨機變化為引。擠運用得
法，可攻防並用，切不可失去重心，應懂得我守我疆，切

莫失界。

擠法：

即用前臂或手臂相搭擠向對方，使其失去平衡的技法。通常用另一隻手在「擠」手內側助力。「擠」在實戰中可順敵之勢，變在敵先，勁力集中在一方，乘虛直入，搶得先機，贏得主動，為進攻之法。

在形式上，手臂圓環，身形如弓，手背向外，勁力則方向向前，進中寓後坐之意。在運用時，把意念放在腳底，先想後腳，再想前腳，此時意想夾脊穴去找前腳下的湧泉穴，也叫寅與卯相合，要虛中含實，並迅速轉換。這時則產生勢不可擋的擠勁。

四、八法之按勁（圖112）

圖 112

「按勁意何解？運用似水行。柔中寓剛強，急流勢難當。遇高則澎滿，逢窪向下潛。波浪有起伏，有孔無不入。」

按勁，太極拳基本勁法，是一種向前、向下推按的力。以單手或雙手向對方兩臂或上體任何一個部位前推或下按，均為按勁。按勁於攻防兼可施用。按須用腰腿勁，加以意氣，眼神須注視推按方向。

按，引而後發為按。單掌或雙掌自上而下為下按；自後經下向前弧形推出為前按。按中有開合之意，並含有由前往後的縱向圓弧動作。如果只是直按，既不會有太大的效用，也易為人所制。

按的開合須與手腳相應，前進後退有升降之勢。藝高者用按法以起步為虛，落步為實，虛則為引，實則為發。按勁要以意貫注膻中穴，引氣下行於丹田（會陰穴），使兩手臂回屈，兩手心下按。

按法：

即用手指手掌接觸對方向前或向下推按之法。按勁有長短之別，發按勁要區別對象，因人而異。

在推手中，對於體重較輕、重心較穩固的人，就適於用長勁；若用短勁進攻最易失重，因對方體輕根穩，變化靈敏，所以應先以長勁逼近，遊鬥探聽彼動，待彼略有被動時，速發短勁取之。對於體重、功夫較差、底盤不穩者，即可採取手指先按，然後以掌後根發勁，以疾速短勁取勝為合適。但在用按勁時，須頂勁領起，精神貫注，含胸塌腰，襠催身進。故有發勁打人如接吻之稱，周身一家

方可按之有力。

　　無論單手或雙手按都須胸含、氣沉、束肋、張背，做到落點清晰。在發勁時身體前後須對稱，才不至於在發勁時因身體前俯後仰而失重。

　　在按勁中手法變換要與呼吸相配合，這是發按勁的關鍵。如在順步推手中，甲方由捋復按時，右手外側輕靈地將乙方右手按至乙方左臂處，然後甲方左手外側按至乙方左臂肘關節處，使乙方右臂呈90度角時，甲方沉步催身進，雙手由兩掌外沿將按勁變雙掌內合。同時在呼氣翻掌坐腕的一瞬間，身、步、手一起向對方發擊，這樣即可達到按勁的完整效果，整個動作要一氣呵成。

五、八法之採勁（圖113）

圖 113

「採勁意何解？如權之引衡，任爾力巨細，權後知輕重。轉移只四兩，千斤亦可平，若問理何在，槓桿之作用。」

在太極拳中，將採制對方的勁力稱為「採勁」。採勁是建立在挒勁基礎上的一種勁別，指的是採拿兩臂關節活絡處的各個部位。採勁與擠勁相反，擠是雙合，而採是雙分或單分，它的形式猶如一手抓住樹枝，一手採果一樣。採勁為擒拿的基礎，它的主要作用在於出隅制隅和牽動對方。

採勁是先向下蓄勢，隨即朝上用力，最後往下使勁。另一個手是用來固定，通常看來，採勁應該是一鬆即緊，一落即拔，先沉後提，或先順後逆。

採勁是一種巧力，應突顯輕靈鬆柔。在對戰中抓住對方手臂，採制對方，使其重心不穩，然後立刻施以下沉勁，引其做向上的反抗，找準時機讓對方腳跟離地，失去重心而倒地。

採勁是以手抓對方手腕或肘部，往下沉採，其效用與挒相似，可在敵重心前傾時，乘機施以採勁使其更向前傾。採時發勁並非在手，如只用手勁採功效小，採時應用腰腿勁，並加以意氣。採時自己要保持身體中正，沉腰坐腿，含胸拔背，沉肩垂肘，氣沉丹田，眼神下視，以此來破壞對方重心。

採法：

即用手採執對方指、腕、肘、肩等關節，以控制對方之法。採勁為變守為攻之法，配合沾黏勁，綜合運用刁、

拿、切、纏等技法，瓦解敵之進攻，並進而引其失勢，迫其跌倒。

在運用採法時，要求勁力直中求曲，點中含面，並且以順為主。神意則如水銀瀉地，隨曲就伸，與敵一體，達到我順敵背。在身體方面須求人體之上、中、下三個丹田形成垂直一線，似一根立軸，可左右旋轉。

在採的過程中，須以意念為主，並且腰、襠、腿、呼吸都必須相應配合得當，才能採得剛猛迅速。捋加採，採加挒，是相互並用，綜合運用的。在運用時要靈活機動，能捋則捋，不能捋則採，不能採則挒，靈活轉換，以不能讓對方跑掉為原則。

六、八法之挒勁（圖114）

圖 114

「捌勁意何解？旋轉若飛輪，投物於其上，脫然擲丈尋。君不見漩渦，捲浪若螺紋，落葉墮其上，倏爾便沉淪。」

捌勁，太極八法之一，屬四隅勁。發力短促，善彈抖，兩邊扯動，猶如飛輪。發捌勁時，右手往右上，左手就要往左下，合住勁，一交錯，用脊柱把勁崩出來，鬆肩送大臂，小臂快速旋轉，落點似鑽。

凡是兩個大小相等、方向相反的平行力，這在力學上叫「力偶」。力偶能使物體旋轉。我們用兩手轉動汽車的方向盤，使用的就是這種力。太極拳的捌勁也是符合力學原理的，同時還兼具利用合力與慣性等原理。這裡的意思是運用力偶能使物體旋轉的原理，使對方身體扭轉而失去重心。

捌勁的特點是運用手掌或手指，以突擊的方式在近距離內抖出一種勁來。捌主要用於抖擊，常用於當手達攻擊點而發的形勢已變時，欲發不能，則改為捌勁抖出。

捌勁是根據捋與合的慣性原理，在捋採的基礎上，勁路由順勁變橫勁而形成的勁別。捌勁有反關節之意。如在順步、大捋或捋採的過程中，對方身體則自然向一側傾斜擠向我身，在對方傾斜的一瞬間，對方自然的反應必是肘部上翻，這正合了欲下先上之理。此時我方採勁正好與對方肘勁相對，所以捋採皆落空，失去效應，但應注意的是在對方臂上翻時，我方有發擊下前栽肘之機可乘。

在此千鈞一髮的緊急時刻，我方應隨著對方的擠勁將重心後移，身體略側轉，在側轉中急速改變勁路，以小

臂向前發擊捯勁。在一肘向前捯擊時，另一手正好向內旋轉，這兩股勁正好反方向錯開，一捯即中。

捯法：

捯勁有內捯、外捯、帶捯、採捯等，使用捯勁需要周身相隨，內外合一，勁易短不易長。捯是走小圈，退步或者轉身進退步的引進法。在引進時纏住對方手腕的那只手走順纏，勁路與對方是一致的，但是壓制對方肘部的手（用小臂不用手腕）一開始就用鬆肩沉肘、下塌外碾的順纏方法，兩手形成擰轉撕裂的動作，此時前手一定向下沉，後手向上轉提。捯法可分為定步捯法，退步捯法，轉身退步捯法，轉身進步捯法等。

凡是用捯法的手引進對方，手要纏得緊實，迫使對方肘關節向上翻轉，我方壓制對方肘部手乘勢下沉，這種方法很容易控制或折傷對方的肘關節。

七、八法之肘勁（圖 115）

「肘勁意何解？方法有五行，陰陽分上下，虛實須辨清。連環勢莫當，開花捶更凶，六勁融通後，運用始無窮。」肘勁是小臂內屈時，肘四周的部位所發出的勁。肘的發擊方法較多，基本肘法有腰攔肘、順攔肘、穿心肘、上挑肘、下採肘、掛肘、立肘、雙開肘、雙扣肘等。

運用肘法在距離上力求近而有力，在發擊前需要與對方近距離接觸，一般是一腳插入對方襠內或身後，最少得過半（腳最少超過對方身體一半）。上步時，吸氣，精神貫注，含胸塌腰，雙腳蹬地，扭腰旋背，在襠催身進的前

圖 115

提下發肘勁。但在出上挑肘時，以命門肚臍為界，身體上下形成對拉之勢，攻擊點比較清晰，同時，也不至於發勁猛烈引起拔根。

　　肘勁有寬面窄面之分，寬面不易傷人；窄面易傷人，一般不可隨意亂用。腰攔肘、立肘和順攔肘屬寬面；上挑肘、穿心肘、雙開肘、雙扣肘、下採肘屬窄面。

　　如對方按我方右臂貼於胸前，我方即內氣下行，含胸塌腰，吸氣，同時我方右臂向右側引，將對方按勁化空。繼而微向左側上步，速用左手搭於對方後背向懷中速帶，與此同時呼氣，並發腰攔肘。

　　此時帶對方於懷中，對方必本能地速向後回身，在對方回身後仰時，也正是我方發肘之時。兩股勁合成一順勁，一快一慢，我方以已之快催彼之慢，我方蓄勁既足，

發勁又剛猛，對方何能不被飛擲而出！這非一般功夫所能做到，非下大工夫不可。這種擊法也只是在一驚一閃、一呼一吸、一合一開的瞬間，即能發人丈外。

總之該法離不開轉身彈抖，步健手快，只不過旋轉彈抖圈小而已。這就是拳論中所講的：由大圈而中圈，由中圈而小圈，由小圈漸小漸微，這時蓄勁抖彈無形無跡，發擊距離短，精微巧妙。所以，練習太極拳向極小極微，近乎無圈功夫攀登，方為上乘。

那時發勁陰不離陽，陽不離陰，開即是合，合即是開，無形無跡，使對手飛擲而出如在夢中，不知我方如何出手發勁，更無法招架還手。這才算是人不知我，我獨知人，所向無敵的上乘功夫。

八、八法之靠勁（圖116）

圖 116

「靠勁意何解？其法分肩背，斜飛勢用肩，肩中還有背。一旦得機勢，轟然如搗碓，仔細維重心，失中徒無功。」

靠勁：

靠勁是出勁，內氣為呼，是以肩部靠人胸部為主，所以稱「靠在肩胸」。凡肩的四周在任何角度發出的勁均為靠勁。所謂靠，就是以肩的四周攻擊對方。靠勁為開勁，內勁運行路線是意念從軸身運肩及軸身各部轉動擊人。靠勁動之至微，發之至驟，功夫純熟後可達到全身都是拳，一觸即發、處處靠擊於人。靠勁用得好，有「挨著何處何處擊」的妙處。

靠勁，有迎門靠、劈山靠、背折靠、臀靠、胯靠、臂靠、七寸靠、腿靠等。

靠勁難練，因為發力離身體太近，沒有距離。有道是：「遠拳近肘貼身靠」。靠勁的掌握主要是在步法和身法中，靠勁更能體現一個整勁。

肘勁和靠勁都是防守反擊的打法，要順勢成招，不得已而為之。很少在進攻中用靠的。如果主動用靠，也常和「捋採」結合。有「靠前有一捋」或「採後有一靠」之說。具體用法要看實際情況，一般就是前手扒住對方身體某一部位，往自己身體方向有一個帶勁兒。同時調整一下方向，讓前腳垂直於對方身體橫面，腳下往前搶位。這些動作必須同時完成。

「遠拳近肘貼身靠。」靠勁有能攻善守、貼身而發、距離短、防不勝防之優勢。太極拳靠勁的本質其實就是太

極拳各種勁力借勢進攻的重要形式，在整個太極拳修煉過程中起著極其重要的作用。

九、五步之進、退、顧、盼、定

太極五步的「進、退、顧、盼、定」，即前進、後退、左顧、右盼、中定。對於盤拳架來說，前進、後退為步法，左顧、右盼是腿法，中定是身法。對於推手來說，「進、退、顧、盼、定」都要在技擊中配合八法使用，所以它應納入技法範圍。

在技擊中，進、退不僅包括步子的進退，而且包括身體與手肘的進退，顧、盼不僅包括眼神，還包括腰腿手肘之顧盼。中定是所有技法之核心。

1. 進法：

用於拳架，要求邁步似貓行，輕靈沉穩。用於推手，一是移動重心；二是配合八法協助發勁。（圖 117）

圖 117

2. 退法：

包括防禦和
進攻兩個方面。防
禦用於引進落空，
如用捋式時，是積
極的防禦。進攻用
在邊退邊攻，退中
求打，如倒攆猴。
（圖118）

圖 118

3. 左顧右盼：

用在拳上，眼神主要是注視拳的運動方向，並還須
顧及身體的兩側。所謂「以眼領手」「以眼領身」。（圖
119、圖120）

圖 119

圖 120

4. 中定：

「中定」是太極功夫的核心，是太極拳運動的基礎。中定是身法，一是指身體在運動中旋轉換勁，來維持重心的平衡；二是指在靜態時的身法中正安舒，不偏不倚，呼吸自然，以便於調節氣血，使之暢通。

在太極拳的走架中，每一個動作必須起於「中定」態，動作完成後又必須恢復到「中定」態，形成下一動作起動的基礎。（圖 121、圖 122）

圖 121   圖 122

第二節　陳氏太極拳拳法核心特徵

一、陰陽開合

每論太極，必說陰陽。太極拳是以陰陽為靈魂的拳種，練習太極拳必須懂得拳中陰陽之理。正如陳鑫所說：「太極不過陰陽之渾論耳。」學太極拳，就是學陰陽而已。

陰和陽的對立統一就是太極。太極拳中的陰陽即拳中的開合、動靜、虛實、剛柔、快慢、抑揚、急緩、黏走、屈伸、往來、進退、收放、弛張等矛盾關係，同時也是陳氏太極拳拳法的基礎與核心。因此，把握好太極拳中的陰陽關係，是學習陳氏太極拳拳法的重中之重，是修煉太極拳功夫的終極法則。

正如陳鑫所云：「純陰無陽是軟手，純陽無陰是硬手；一陰九陽根頭棍，二陰八陽是散手，三陰七陽猶覺硬，四陰六陽顯好手，惟有五陰並五陽，陰陽無偏稱妙手；妙手一著一太極，空空跡化歸烏有。」

陳氏太極拳講究陰陽開合，陳鑫說：「太極拳之道，開合二字盡之。」「陰陽開合」是太極拳的核心，開合是使陰和陽矛盾的雙方達到統一的方法，即所謂「開合運陰陽」。太極兩儀，動之則開，靜之則合。動靜便是陰陽，陰陽便是太極。開者為動為陽，合者為靜為陰。而又開中有合，合中有開，陰中有陽，陽中有陰。

太極拳運動無非開合二字，「一開一合，拳術盡矣」，故太極拳亦稱開合拳。觀上下、左右、前後、升降、屈伸、往來、虛實、順逆、進退、捲放、蓄發、鬆緊、呼吸、吐納……之中無不有開合。處處有開合，時時有開合。開合無處不在，陰陽無時不見。開之則陰陽相分，清升濁降；合之則陰陽相交，混融相抱。一開全開，意氣神形俱開；一合全合，意氣神形皆合。而又開中有合，合中有開，陰陽互濟，太極為真。

開合有內開合與外開合。內開合即氣機之開合，一開百脈皆開，一合百脈皆合。外開合即機體之開合，一開四肢全體皆開，一合四肢全體皆合。

外開合以內開合為本，內開合以外開合為助，內外合一則內氣充於肌膚，入於骨髓。

二、動靜虛實

王宗岳的《太極拳論》說：「太極者，無極而生，動靜之機，陰陽之母也。」這就是說，太極是從無極來的，而所謂的「動靜之機」，就是說一動就要分虛實，不論是走直線，還是走弧線，都要分虛實；在意識上要分開與合，在動作上要分動和靜。

練習太極拳時要遵循「動之則分，靜之則合」的要求，根本的是掌握好開合虛實的變化。虛實、開合，是陰陽學說在太極拳中的具體體現，也是動靜的表現。一動一靜，互為其根，一虛一實，陰陽互濟，動靜虛實運其陰陽之理。

太極拳動時存靜勢，靜時寓動機，動靜互為其根，以靜而成勢，以動而成機。「靜中觸動，動猶靜」，即「靜中有動，動中有靜」，動靜互有平衡統一，這就是太極拳的規律，存在於打拳全過程。

古人云：「靜屬陰，動屬陽。世上萬物，孤陰不生，獨陽不長，偏陰偏陽為之疾，一陰一陽謂之道。」就是說，動靜即陰陽，陰陽即動靜。動中處靜，靜中寓動，相連不斷，循環不息。

練習太極拳時，是否能熟練掌握虛實的轉換關係非常關鍵，如何處理好虛實變化關係，體現虛實的特點，是太極拳的基本要素。

太極拳從整體動作來分，動作達到終點定勢為「實」，動作變轉過程為「虛」。從動作局部來分，主要支撐體重的腿為「實」，輔助支撐或移動換步腿為「虛」；體現動作主要內容的手臂為「實」，輔助配合的手臂為「虛」。虛與實在太極拳中是相輔相成的，是矛盾的對立統一。太極拳中，無論上肢、下肢、軀幹，以及身體各部都存在有虛實。

太極拳是上下相隨的虛實運動。陳氏太極拳的所有動作都必須分清虛實。動作能分清虛實的轉換，就可耐久不疲。因此，練陳氏太極拳時雙手要有虛實，雙足也要有虛實，尤其重要的是左手和左足、右手和右足要上下相隨地分清虛實，也就是說，左手實（在做向下的動作時）則左足應虛。這是調節內勁使之保持中正的中心環節。

此外，形成落點的虛中要有實，實中要有虛，從而處

處總有此一虛一實，使內勁處處達到中正不偏。初學時，動作可以大虛大實，以後逐步練成小虛小實，最後達到內換虛實而外不見的境界，這是調整虛實的最深功夫。

三、剛柔相濟

太極者，陰陽也。太極拳中的剛柔相濟、蓄發相變，也是在陰陽範疇之中。剛屬於陽，是發放、進攻、擊打、發力。柔屬於陰，是合勁、蓄勢、引化。太極拳中的剛和柔，它們既相互制約，互為轉換，而又互不可缺，變化無窮。要練好太極拳，關鍵就在於如何把握剛柔之間的關係。陳長興說：「用剛不可無柔，無柔則環繞不速；用柔不可無剛，無剛則催逼不捷。」在練習太極拳中每招每式都要求做到剛柔相濟。要想練好，必須先去僵求柔，然後再練柔成剛。只有練到剛柔相濟，陰陽無偏，渾然一圓，才能算達到太極拳的高級境界。

「極柔軟，方能夠極堅剛。」太極拳的練習，首先要消除人們動作中的堅硬勁，使它柔化，此為化柔的時期，這個時期越長，則就能徹底消除僵勁。

此時的要點是：在柔軟的基礎上，向著更有彈性地剛勁發展，這個剛不是鼓勁而產生的僵勁的剛，而是由鬆開和放長而產生的富有彈性的剛。因為，肢體的放長，並不斷地進行螺旋運動，就可產生這種剛勁。所謂「陰則柔，顯則剛」，在練習陳氏太極拳時，每招每式的運勁過程都為柔勁，勁走到頭的落點都為剛勁。這就是柔運化、剛落點，也叫柔化剛發。

　　剛和柔，兩者是相互對立的，然而陳氏太極拳卻把剛勁與柔勁糅合在整個套路中，一招一勢剛中寓柔，柔中寓剛，達到剛柔相濟。陳氏太極拳要求：「運動之功夫，先化勁為柔，然後練柔成剛，及其至也，亦柔亦剛。剛柔得中，方見陰陽。故此拳不可以剛名，亦不可以柔名，直以太極之名名之。」

　　為什麼太極拳的勁力要以剛柔相濟為準呢？因為有剛而無柔的勁缺乏韌性，易折易損，沒有技擊格鬥的實用價值，只有柔而無剛的勁因失去爆發力也無實用價值。

　　「然剛柔既分，而發用有別，四肢發勁，氣形諸外，而內持靜重，剛勢也；氣屯於內而外現輕柔，柔勢也。用剛不可無柔，無柔則環繞不速；用柔不可無剛，無剛則催迫不捷。剛柔相濟，則黏、遊、連、隨、騰、閃、折、空、掤、捋、擠、按無不得其自然矣。剛柔不可偏用，用武豈可忽耶！」

　　剛和柔的變換，從神與氣上來講，是由隱與顯表現出來的，隱則為柔，顯則為剛。從姿勢上講，是由開與合表現出來的。合則為柔，開則為剛（蓄則為柔，發則為剛）。在運勁過程中表現為柔，在運動到落點時表現為剛。因有神氣的隱顯與姿勢的開合，剛柔就能夠充分地表現出來。落點是運動到達盡頭之點，是神顯與氣聚之處，所以表現為剛。

　　除此之外，運氣轉換過程則宜用柔法。這是做到剛柔相濟必須掌握的原則，也是練習避實擊虛、蓄而後發、引進落空、鬆活彈抖的基礎。

四、螺旋纏絲

太極拳的螺旋纏絲勁是指打太極拳時，在走弧線過程中蘊藏的一種螺絲似的旋轉勁。纏絲勁是太極拳的精華，太極拳能夠以小力勝大力，以慢制快，全在於纏絲勁。

纏絲勁是陳氏太極拳的一種特殊的練法，因結合力學和經絡學的理論，採用螺旋纏繞的運氣方法，所以又叫「纏絲功」。

從技擊上來講，纏絲功能以小勝大，以弱勝強，是陳氏太極拳運動內纏外繞相結合的總稱，也是陳氏太極拳的靈魂所在。陳氏太極拳創始人陳王廷在《拳經總歌》中說：「縱放屈伸人莫知，諸靠纏繞我皆依。」他首次提出了「纏繞」一詞，集中體現了陳氏太極拳運用纏繞運動的特點。在《陳氏太極拳圖說》中，陳鑫說：「吾讀諸子太極圖而悟打太極拳，須明纏絲精（勁）。纏絲者，運中氣之法門也，不明此即不明拳。」「太極拳，纏絲法也。」

纏絲勁是在意識指導下，以內勁做旋轉，催動外形的大螺旋式和小螺旋式的組合旋轉，隨著動作的屈伸變化，連綿不斷地纏繞絞轉，由呼吸的動力，將隱於內的丹田之氣引出，入於骨縫，循經走脈，纏繞運行四梢，使其遍佈全身。

陳氏太極拳螺旋纏絲勁，是始於內、形於外的一種勁別。螺旋纏絲在陳氏太極拳中無處不有，其分類因所持依據不同而有所不同。螺旋纏絲勁有很多種，如進退纏、左右纏，大小纏、前後纏、裡外纏、上下纏、順逆纏等。這

其中最重要的是順逆螺旋纏絲勁。

　　太極拳結合經絡學說，以拳術與導引吐納為表裡，拳勢動作採取螺旋纏絲式的伸縮旋轉，要求：「以意導氣、以氣運身」，內氣發源於丹田，以腰為軸，節節貫穿，微微旋轉，使腰隙（兩腎）左右抽換，由旋腰轉脊，纏繞運動，布於全身。通任督兩脈，上行為旋腕轉膀、下行為旋踝轉膝，達於四梢，復歸丹田，動作呈弧形，圓活連貫，一招一勢，承上啟下，一氣呵成。

　　陳氏太極拳的纏絲勁是其最顯著的特點，纏絲勁按其性能可分為兩種：一種是順纏絲，一般都以掤勁為主；另一種是逆纏絲，大多以捋勁為主，這兩種纏絲勁貫穿於太極拳演練的始終。

　　內纏絲和外纏絲的不斷變化，形成陳氏太極拳獨有的螺旋式運動，演練時只見大圈化小圈、小圈變大圈，動作變幻萬千，形成運動如纏絲、運動如抽絲的境界。

五、快慢相間

　　陳氏太極拳「有快有慢，能快能慢，快慢相間」「慢能慢到十分，快能快到十分」「慢如抽絲，疾如電掣」。快慢相間是陳氏太極拳的一個顯著特點。為了體現太極拳的節奏感，打拳速度要快慢相間，即有快有慢，忽快忽慢。不僅一套拳有快有慢，有高潮，而且一個拳勢，甚至一個動作，也要有快有慢。

　　這種快慢相間的鍛鍊方法，利於增強發放彈抖勁過程中的緩衝力與爆發力的結合。在學習和練拳過程中，快慢

可以由練拳人自行調節。

例如：老架一路拳比老架二路拳要慢；習拳時慢，發勁時快；練套路時慢，練單式時快。慢練時可讓動作做到位，勁力到位，規矩到位。練單式時快，快練方可練速度，練力量，以增功力。陳氏太極拳慢中有快，快中有慢；慢而不呆滯，快而不丟，快而不亂，快慢皆纏絲；快而不失沉著，慢而不可間斷。

陳氏太極拳不是單純的慢，而是要既能慢，又能快的。

陳鑫說：「慢要慢到別人跟不上我，快也要快到別人跟不上我。」

「此拳之運，不貴速而貴緩，緩則可以細心揣摩，由粗及精，且其運勁可以自知運到指頭與否。能如此運，將來功夫成時，其速無比。」

六、躥蹦跳躍、閃展騰挪、拳打腳踢

陳氏太極拳是集眾家武術之長的拳法，作為武術的太極拳就離不開躥蹦跳躍、閃展騰挪和拳打腳踢這些武術拳法。

在陳氏太極拳拳法當中有很多主動性、攻擊性很強的招式。太極拳是一門拳術，和其他的拳術一樣，都有躥蹦跳躍、閃展騰挪、拳打腳踢這些特別重要的共性，而不能把太極拳變成一種脫離於武術共性之外的運動。陳氏太極拳拳法既有防守，也有進攻。

陳氏太極拳套路裡很多屬於拳打腳踢的招式。如：

「老架一路拳」中的掩手肱拳（圖123）、青龍出水（圖
124）、護心拳（圖125）、當頭炮（圖126）、左蹬一跟

圖 123

圖 124

圖 125

圖 126

（圖 127）、右蹬一跟（圖 128）、玉女穿梭（圖 129）、
旋風腳（圖 130）、十字腳（圖 131）等。而「老架二路

圖 127

圖 128

圖 129

圖 130

拳」是以快速剛猛為主的武術套路，其中躥蹦跳躍、閃展
騰挪、拳打腳踢就更多了。比如說斬手（圖 132）、指襠

圖 131

圖 132

圖 133

圖 134

（圖 133）、翻花舞袖（圖 134）、裹鞭（圖 135）、全炮捶（圖 136）、窩底炮（圖 137）等等。

圖 135　　　　　　　　　圖 136

圖 137

　　陳氏太極拳擁有完備的技法，其功防之意大多隱於內而不顯於外。有很多人說用拳打腳踢就不是太極拳，這種說法是不正確的，實際上陳氏太極拳拳法中拳打腳踢的進攻招式是特別多的。

　　陳氏太極拳的要求是周身放鬆，不用僵力，運用螺旋纏絲練就充足的內氣，意到氣到，氣到勁到，立身中正，八面支撐，使身體內外各部建起鞏固的防線，形成一身備五弓的蓄發之勢。不遇敵則已，若遇勁敵，則內勁猝發，如迅雷烈風，故外似處女，內似金剛，剛柔相濟，快慢相間，蓄發鮮明。

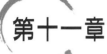

第十一章

太極拳習練中
膝關節的保護及修復

習練太極拳強調全身肌肉放鬆，關節鬆開。這種放鬆必須建立在保持各關節的正常功能和正確位置的基礎上。習練太極拳時，由於全身重量都由下肢承擔，所以少有人說上肢疼痛的，但說膝關節疼痛者居多。

有拳友說，我本來挺好的，就是打太極拳以後呢，怎麼會感覺膝蓋疼？這是怎麼回事呢？

現在我們需要先來瞭解一下膝關節的構造，以及在生活中遇到的一些關於膝關節傷痛方面的問題。

第一節　認識膝關節

首先我們先來瞭解下膝關節。膝關節是我們人體生理結構裡頭最複雜的一個關節，也是我們整個人體中工作量最大、負重最大的一個關節。我們每天都在用它，所以膝關節的受傷率、受損率也是最高的。

瞭解膝關節的結構，對於我們鍛鍊、保護膝關節，避免膝關節受傷有著特別重要的作用。

現在我們就先來看看膝關節的結構（圖138）：

膝關節的構造按解剖學的定義來說，是由大腿骨（股骨）和小腿骨（脛骨）之間構成的一個面，膝蓋前方還有膝蓋骨（髕骨），關節表面有一層2～3毫米厚的膜（軟骨），裡面還有前後交叉韌帶（十字韌帶），以及保證關節靈活和穩定作用的脛、腓側的副韌帶，中間還有一個半月板。

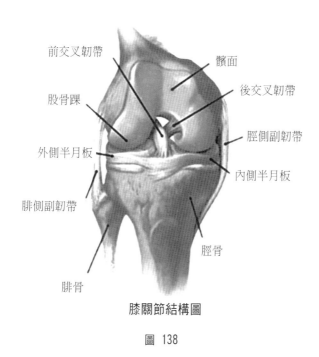

前交叉韌帶

髕面

股骨踝

後交叉韌帶

外側半月板

脛側副韌帶

腓側副韌帶

內側半月板

脛骨

腓骨

膝關節結構圖

圖 138

第二節　生活中損傷膝關節的運動和原因

一、膝關節面對的陷阱

膝關節在半屈位時可做小幅度的旋內和旋外運動。當膝關節屈曲、迴旋再突然伸直時，易受擠壓而損傷。由於內側半月板與脛側副韌帶相連並受牽拉，因此內側半月板損傷比較常見。

從膝關節的生理結構看，膝關節損傷的原因主要有：退行性勞損、超荷承載磨損、運動不當扭損、外力攻擊和磕碰致損等。在我們日常生活當中，處處都可能有給人體的膝關節造成傷害的陷阱。

一般來說，除了突發性損傷外，膝蓋的損傷不是一天兩天導致的，大部分是由於長期運動造成的。

運動有很多種類，哪些運動對膝關節的影響比較大呢？這些運動主要有跑步、登山、爬樓梯、暴走、羽毛球、網球、足球、籃球等等，而不同運動對膝關節的磨損和損傷程度也是不同的。

半月板是膝關節的重要組成部分，位於大腿和小腿關節面之間，由緻密膠原纖維構成，分內側和外側，有穩定關節、吸收震盪、分散調整壓力的作用。

在關節活動時由自身微動，將關節潤滑液均勻塗抹在軟骨面上營養軟骨。人體運動時，半月板緩衝壓力，吸收震盪，起到緩衝器的作用，進而加強了關節穩固性。膝蓋雖然承受體重的作用力，但不易受傷。行走時，軟骨不易損傷也是由於半月板的保護。

我們在日常生活中走路、上下坡，半月板都在發揮著保護關節軟骨的作用。如果某些動作每日重複過多，或強度過大，都會引起半月板的不正常磨損，長此以往，這些不正常磨損超出人體生理機能所能承受的極限時，就會對半月板造成慢性傷害。特別是在長時間暴走的時候，半月板不堪重負，更容易造成傷害。

有多種因素（如運動過度、體重過重、年齡較大等）

會導致軟骨磨損退變，影響關節正常滑動和穩定，這就是
骨關節炎發生的病因。

　　人體關節的骨頭外都包裹著一層軟骨，就是通常所說
的「脆骨」，軟骨有一定厚度和強度，並富有彈性，可分
泌潤滑液保護關節，由於關節軟骨沒有血管神經和淋巴分
佈，其成分是軟骨細胞、膠原纖維、蛋白多糖和水，損傷
後不易修復。所以加強關節的保護特別重要。

二、哪些運動行為及生活習慣對膝關節會　造成損害呢

1. 登　山

　　登山是一種很好的運動，但是並不適合所有人。據統
計，骨科接診的很多膝蓋痛的中老年人，他們大多喜歡登
山。爬山的時候，膝關節要承受整個身體的負擔，在向上
攀登的時候，膝關節負擔的重量更是會瞬間增加到平時的
4倍。如果你很喜歡戶外登山，那就準備一根登山手杖緩
衝一下。如果你是為了運動減肥，那麼醫生絕對不會建議
你將登山作為首選。

2. 暴　走

　　暴走對膝關節的傷害，主要表現為因積累性勞損，誘
發半月板慢性撕裂和關節軟骨面磨損剝脫。長時間暴走，
而致半月板反覆積累性磨損，稱為慢性退行性撕裂。

　　與急性損傷的症狀一樣，同樣表現為膝關節疼痛腫

脹，關節屈伸受限，上下樓梯時疼痛等。

3. 跑　步

跑步傷膝蓋其實我們都聽說過或見到過，跑步是一項動作週期性循環的運動。

每一次跑步，都是一條腿抬起，另一條腿落地，每次的動作，實際上只有一條腿在承受著身體2～4倍的衝擊力，對膝關節的衝擊可想而知。加上很多人跑步姿勢不正確，以及受體重、足型和裝備等問題的影響，無形中加重了跑步給膝關節帶來的損傷。

4. 足球、籃球、羽毛球、網球

人體在這些運動中承擔著最大重任的就是膝蓋。每一次起跳，每一次運球，每一次突破，每一次變向，每一次落地，都是膝蓋在支撐。

不斷地變向則會使膝關節左右擺動，起跳和下落則對膝關節衝擊最大，因為下肢和上身在膝關節處完成緩衝，膝關節在這一動作中形成撞擊。而髕骨這一「輪滑」裝置，也跟著受損，膝關節的損傷在起跳、下落、變向的反覆運動下加重，進而引發炎症。

半月板損傷通常發生於這一類劇烈體育活動中，最普遍發生的就是半月板急性撕裂。

5. 上下樓梯

上下樓梯時，膝關節的負重會增大，人體的體重越

大，膝關節的負重就越大，膝關節的磨損也隨之增加。

6. 穿高跟鞋

很多女士都喜歡穿高跟鞋。穿高跟鞋讓女人變得很挺拔，很有氣質，很漂亮。然而，穿高跟鞋的時候，膝關節的負重壓力會增大，特別是穿高跟鞋下樓時，膝關節承受的壓力會更大。

這種額外的壓力，會加速膝關節軟骨的磨損，引起膝關節的骨性關節炎。而且鞋跟越高，膝關節承受的壓力就會明顯增加，會加重膝關節的損傷。因為穿高跟鞋後，人體重心會發生前移，從而對人體的膝關節、背部和身體的姿勢產生影響。

長期穿著高跟鞋的女性，膝關節處於過伸的狀態，會加快膝關節韌帶的老化，使退行性骨關節病提前發生。所以說，高跟鞋只適合在特定的場合穿一下，平時儘量穿一些鬆軟的平底鞋、中跟或者低跟鞋，鞋跟不要太高。

7. 穿短裙

天冷了，我們都知道要加衣服，戴帽子，戴圍巾。容易被人忽略的就是我們的膝關節。膝關節，其實就是一個皮包骨頭的關節。這個皮下面就是骨頭，周邊沒有多少脂肪來保護它，所以膝關節很容易受涼。

特別是喜歡穿短裙子的女士，穿短裙的時候，膝蓋都露在外面，風一吹，空調一吹，就很容易讓膝關節受寒。受了寒以後膝關節就會不舒服，就會受傷，這是我們特別

要注意的。

8. 深　蹲

　　還有一些健身動作也會不知不覺增加人體膝關節的負擔，比如說深蹲，特別是負重深蹲。任何不恰當、不科學的運動方式都會對身體產生傷害，深蹲也不例外，深蹲看似一個簡單的動作，實際上操作起來是很傷膝關節的。

　　當深蹲動作不正確時，膝關節副韌帶和軟骨組織如果無法承受壓力，很容易損傷膝蓋組織。（圖 139）

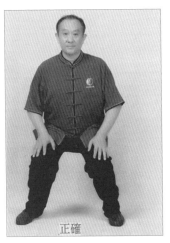 

正確　　　　　　　　　　錯誤

圖　139

9. 騎摩托車、電動車

　　經常騎摩托車、電動車的人膝關節也都不太好，因為摩托車速度很快，冷風直接吹到膝蓋上，時間長了，膝關節就會受到損傷，所以騎摩托車和電動車時一定要戴護膝，注意保護好膝關節。

第三節　加強鍛鍊，保護膝關節

「世界真美好，我想去看看。」如果沒有一個健康的膝關節，那麼你也走不了多遠。俗話說：「人老腿先老。」其實大多數情況下「腿先老」指的是膝關節出問題了。因為膝關節的結構比較複雜，也容易受傷，所以說保護好膝關節是至關重要的。

我們可以運用運動鍛鍊膝關節，但是如果運動的方法不正確，反而對膝關節造成損傷。那麼，要不要運動呢？答案是肯定的，人體不運動是不行的，對膝關節來說也是一樣的。

鍛鍊膝關節的目的是增強關節周圍的股四頭肌、膕繩肌、小腿三頭肌的彈性能力，以及膝關節脛側副韌帶、腓側副韌帶和前後交叉韌帶（十字韌帶）的韌性，從而有力地輔助和支撐膝關節的半月板及軟骨組織，減輕運動時膝關節的壓力，維持膝關節的穩定性，在運動中讓膝關節得到相對的「固定」，從而避免受傷。

實踐已經證明，太極拳的運動方式可以有效地鍛鍊膝關節，增強膝關節韌帶的韌性，對膝關節起到保護作用。但是在太極拳的習練中，有些練拳者出現不同程度的膝關節疼痛現象，許多不明真相的人誤以為是練拳練傷了膝關節。其實，這是天大的誤會。

太極拳的健身強體作用，已被歷史和科學所證實。練太極拳無病健身，有病康體，許多慢性病因為練太極拳

得到康復，甚至連一些陳舊性傷痛都可以在練習太極拳的過程中不知不覺中自癒。練太極拳怎麼會引起膝關節疼痛呢？

練習太極拳發生膝關節疼痛，大多由膝關節病變和創傷性的原因引起。很多人練習太極拳之前本身就有膝關節的相關病變，如類風濕性關節炎、滑囊炎、關節積液、骨關節炎、半月板損傷，及炎症性和無菌性的老年退行性關節老化等。如果不加注意盲目練習太極拳，必然會加重膝關節的病情。

還有就是練習太極拳時運動量過度引起的慢性勞損和不科學、不規範的練拳方法而引起的損傷、挫傷等。

第四節　錯誤的習拳方法
——震腳發力不當引起膝關節不適

我們都知道太極拳好，因為太極拳是一項對人體沒有任何損害的完美運動。那麼在太極拳練習的過程中我們怎麼樣能夠保護好膝關節呢？如何由太極拳的練習，讓我們的膝關節更加強壯，避免對膝關節造成損害呢？

太極拳是一項完全符合大自然運轉規律和人體自然生理規律的運動，那麼我們在練拳的過程中就是要遵循人體的生理規律，這是需要我們必須掌握的。

練習太極拳，膝關節為什麼會出現問題呢？那就是我們在練習的過程中，沒有完全掌握太極拳運動的要點，沒有完全遵循人體的這種生理規律來進行練拳，而導致膝關

節出了問題。

　　膝關節的運動主要是前後運動為主，左右運動和上下運動為輔，在膝關節運動的時候，都要求在膝關節承載範圍以內進行運動，不能超出膝關節可承受的範圍，一旦超出這個範圍的時候，就可能在不知不覺中對膝關節造成一定的損害和影響。

　　我們從太極拳「起勢」這個動作來講，我們在練「太極起勢」的時候，就要注意身體重心不能靠前（前傾），要立身中正，做這個動作的時候身體重心要三七分，三分勁放在前腳掌，七分勁放在後腳掌，這樣膝關節所承受的力就會得到釋放。如果重心偏前，膝關節半月板的壓力就會增大。

　　陳氏太極拳有「金剛搗碓」（圖 140）這樣一個動

圖 140

作，作為「太極起勢」後的第一個動作，有平心靜氣、提振聲勢的作用，歌訣云：「金剛搗碓斂精神，太極渾然具吾身。」「金剛搗碓」震腳的動作，可以振奮人的精神，將太極拳「一身備五弓」的雄武之勢展現出來。對於「金剛搗碓」等震腳發力的動作，我們平時練習的時候要注意些什麼呢？

過去的太極拳先輩們都是在農村的沙土地上練拳，鬆柔的沙土地彈性特別好，震腳發力時產生的大部分的力量都可以被沙土地吸收，這樣對膝關節的衝擊力就小了很多。

我們現在很多時候都是在城市裡面的水泥地上打拳，水泥地特別硬，在水泥地上打拳的時候，震腳發力時的力量對膝關節半月板的撞擊力就會很大，時間長了，震腳發力時的撞擊力就會對右腿膝關節造成損傷，就會出現打拳時右腿膝關節疼的情況。

所以，打拳的時候我們要根據場地的情況，調整震腳發力的力度，如果地面比較硬的話，做震腳發力動作的時候就要稍微慢一點、輕一點。

許多人覺得做震腳發力時，用勁才能顯示出自己的功夫，實際上不完全是這樣的。其實，顯示震腳發力的功力不完全取決於這個動作的快慢和力度的輕重，用太極拳的術語來說，就是只要能夠合住勁，同樣能展示出這個動作的功力。

所以提醒拳友注意，在練震腳發力的時候要特別注意地面的軟硬程度，根據地面的實際情況來調整自己震腳發

力的快慢和力度，避免用力過度對膝關節造成損傷。

第五節　打拳時膝蓋的正確姿勢

　　太極拳姿勢的規範正確與否，是太極拳功夫的重要基礎。首先，太極拳要求立身中正安舒，中正是太極拳的靈魂，沒有中正就沒有太極拳。立身中正使練拳者達到高度的陰陽平衡狀態。因此，要保護好膝關節，身體一定要中正。（圖141）

　　在練拳過程中因姿勢不正確而引起的諸如跪膝、撇腿等，都是傷害膝關節的罪魁禍首。跪膝易夾襠，限止了襠的圓滑順暢，同時阻礙了腰胯、大腿和小腿之間力的平衡傳遞，以及自身重量的轉化和緩衝，不利於膝關節的保

圖 141

護。身體如果失去了中正，造成自身的大部分重量承載在膝關節上，引起膝關節負荷過重而損害。所以練拳時姿勢必須正確。

正確的姿勢，來源於正確的方法，也取決於基本功的訓練。其中加強太極樁功的訓練，是立身中正、全身鬆柔、下盤穩固、上下順暢、整體協調的基礎。

就膝關節的生理功能而言，它不能左右橫向扭動。橫向運動需要由踝關節和髖關節來共同完成，膝關節僅僅是配合而已。

太極拳的基本規則要求習練太極拳的時候，膝蓋運行的方向一定要順腳尖的方向走（圖142），在練拳時，不管是什麼步法，膝關節絕對不能向內外側扭動，否則就會

圖 142

造成膝關節內側和外側的損傷。同時，根據膝關節只能前後上下運動的生理機能，前後上下的方向一定要一致。

　　在馬步、弓步、仆步等步法中，膝蓋必須對準腳尖，與腳尖同向，並且不能超出腳尖，否則就會損傷膝關節；更不能向前跪伸，因為半月板在膝關節的前面，起著前後上下伸縮調節的作用，其屈伸的範圍是有限的。

　　初學者也不要過分追求撐膝圓襠，要屈膝鬆胯。一旦你過分追求圓襠，你的膝蓋就會外撐，膝關節就會出現側力。也就是說在運動的過程當中，不要讓膝關節產生側力，不要故意往外撐膝蓋，膝蓋要往裡合，因為屈膝鬆胯不是往外硬撐的意思。

　　在做前後開步、左右開步的時候，膝蓋一定要順著腳的方向運行，不要有橫向左右的方向運行，保證膝關節在正常合理的運行範圍內運動。

　　當你打太極拳時，如果你把腿和膝蓋的姿勢和運行方向練正確了，讓你腳上的力始終順著腳尖的方面運行，這樣練太極拳，不但能夠保證膝關節不會受到損傷，而且會把膝關節鍛鍊得越來越強壯。

第六節　太極拳練習過程當中如何保護好膝關節

　　練拳的時候有這樣一句話，叫做「上不正，腿必病」，就是說你打拳的時候身體上部不正的時候，問題肯定是出在你的腿上，也可以說出在膝蓋上。

　　打拳的時候，有很多橫向動作，那麼在練習這些橫向動作的過程中，一定要注意膝蓋不能出現過大幅度的側擺晃動，擺動的時候幅度過大，動作的幅度超出了膝關節生理結構允許的範圍，就容易出現膝關節兩側副韌帶和半月板受到擠壓的情況，這樣的話，膝關節不但得不到鍛鍊，還可能會受到損害。

　　太極拳前輩經常說，「勁兒要往下要過膝」，就是說這個勁兒要過膝蓋再往下，讓腿上的力像插在地裡頭一樣，膝蓋要定住、鎖住，在這個基礎上來做整體運行，不能出現軟膝和跪膝的情況，因為跪膝會對膝關節內側的副韌帶、軟骨和半月板造成很大的側壓，時間長了就會對膝關節造成損傷，這個一定要注意。

　　兩膝蓋不能前後擺動，兩腿是兩個樁，不許前後擺動，擺動了就失去了根基，下盤不穩。兩膝的方向要跟腳尖方向一致，如果不一致，很容易損傷膝蓋。

　　在太極拳運行的過程中，要求「腳實」，腳要落地生根，腳掌要踏實地面。「實」，字面解釋，內部完全填滿，沒有空隙。「腳實」，即腳底平實踏地，四周緊貼地面，不能「喝風漏氣」，也就是不能出現「喝風腳」（腳掌內側或外側翹起離開地面），既不能「裡喝風」（腳掌外側翹起離開地面，圖143），又不能「外喝風」（腳掌內側翹起離開地面，圖144）。

　　出現「裡喝風」的現象其實就是膝蓋外撐過度，「外喝風」則是由跪膝引起的。無論是「裡喝風」還是「外喝風」都會使得膝蓋與腳尖不在同一個方向上，時間長了無

圖 143　　　　　　　　　　　　圖 144

疑會造成膝關節的損傷。

　　太極拳中有「襠走後弧，襠走下弧，襠走八字」的練習方法，這是太極拳運行時身體重心移動過程中襠（胯）的運行軌跡，但我們練習的時候不能刻意地去追求和突出襠（胯）移動時的運行軌跡，無論襠（胯）如何移動，固定好膝蓋是關鍵，是基礎，是前提！

　　在運行過程中，要時刻注意膝蓋擺動時的幅度，特別是實腿由實變虛時，膝蓋不可晃動，更不可外翻，正確掌握用兩胯旋轉虛實，才是防止膝關節損傷的根本之策，也是前輩們總結出的練拳不傷膝蓋的奧秘。

第七節　太極拳膝蓋旋轉運動中如何保護膝關節

　　在太極拳各個套路當中有很多擰膝和膝蓋旋轉的動作。膝蓋旋轉運動對膝關節韌帶的鍛鍊特別有用。我們都知道陳氏太極拳是螺旋纏繞的運動，特別是腿部的螺旋纏繞運動，能夠使練習者膝蓋肌腱和韌帶的能力得到加強。

但是如果動作的幅度做得過大，把握不好身體平衡，就可能會對膝關節造成一定的影響。所以在練習這些動作的時候一定要掌握好方法，避免膝關節受到損傷。

我們知道，對於膝關節而言，上下的擠壓對膝蓋軟骨組織的磨損不太大，但旋轉碾磨對軟骨組織的磨損非常厲害。所以在做一些轉膝轉腳的動作中，就要在轉的時候特別注意，要用腰胯來帶動膝和腳的轉動，而不是單獨地轉動某一個關節，整體的運動可以避免膝關節單獨擰轉的發生。

在習練太極拳時，人體大部分的重量是由腰胯承受、轉化後作用於大腿，並由膝關節的連接與小腿、腳融合。在做膝關節轉向動作時，應當由腰胯來控制和帶動下肢。身體轉動時，應當先由腰胯帶動大腿，隨著大腿的轉動帶動膝關節和小腿、踝關節同時轉動。

腰為主宰，膝關節是被腰胯帶動的，是被動而不是主動的轉動。身體的轉動要在腰胯的帶動下，將身體重心由大腿經膝關節、小腿、踝關節和腳向同一方向轉移，膝關節只是起到連接作用，不能有絲毫的動意，一點都不掛力，完全徹底放鬆。

在做膝關節轉向動作時，應當由腰胯來控制和帶動下肢，要以腳跟為軸，腳掌、腳趾輕貼地面轉動（或以腳掌為軸轉動腳跟），整個腳底都要貼地，以腳跟為實，腳掌和腳趾為虛，腳跟為中心貼地轉動。

如果讓膝關節單獨用力去完成這一動作，就會引起半月板、肌腱韌帶的損傷。所以練拳時，必須結合拳理拳法

與人體生理力學結構的原理，科學地進行練習，才能保護好膝關節。

另外，在行拳走架做動作過程中髖關節要鬆沉，始終要注意左膝關節與左腳尖的方向保持一致。轉動時切不可膝關節先動或腳尖先動，膝關節和腳尖要同時轉動，這樣就可以儘量避免膝關節受傷，避免韌帶和肌腱扭傷。

第八節　太極拳不正確練習的姿勢對膝關節的影響

「會、對、好、妙、絕」是練習太極拳的五個階段。練拳都是從基礎開始，從基本功開始，從初級階段，然後到中級階段，最後再到高級階段，這是一個循序漸進的過程。

在練拳的過程當中，有很多的拳友學習太極拳的時候有點太著急了，就是剛剛學拳時間不長，就覺得自己應該已經達到了一個什麼樣的高度，好高騖遠，盲目追求一些高難度動作，沒有按照這個循序漸進的原則去練習。

初學者本身下肢肌肉力量，尤其是在耐力及控制力方面仍有所欠缺，但練拳時卻要求過高，導致膝關節承重過重，往往會把自己練傷了。

練習太極拳有很多的方法，比如拳架練習按照站姿的高低分別有高架（圖145）、中架（圖146）、低架（圖147）練習和鋪地架練習。在練習的速度上，有慢練、快練和發勁練習等等。

圖 145

圖 146

圖 147

　　太極拳多種多樣的練習方式和方法，目的就是讓我們的身體機能變得更靈敏，更協調，更有彈性。

　　剖析傷膝的主要因素有兩個：

　　一是，由於過於追求所謂「低架子」，致使形成「跪膝」，也就是我們常說的「膝蓋超過了腳尖」，使膝蓋承重過重，造成損傷。正確的力量不應該放在膝蓋上，應該在大腿上。膝蓋非正常承重，是損傷的重要原因之一。練太極拳姿勢越低，膝關節承受的壓力越大，必然調動更多的肌纖維參與工作，才能支持膝關節維持支撐。所以我們說，以健身養生為目的，練太極拳姿勢高一些為好，不要蹲得太低，也儘量避免一腳承重。兩腳承重可三七開，即前腳三分，後腳七分。

　　二是，由於過於追求「腿部纏絲」而亂擰膝蓋，致使膝蓋與腳尖朝向偏移錯位，造成運動型損傷。人體力學告訴我們，正常的情況下，膝蓋應與腳尖朝向一致，這是順應人體之自然本能。太極拳是自然拳，最順應人體的自然運動規律和運行軌跡。刻意的造作、做作不僅失掉太極的樸素、自然的初衷本意，而且還違反了正常的人體運動規律，違背了人體力學。膝蓋與腳尖朝向不能保持一致，致使膝蓋內部的骨骼間非正常磨損，降低了膝蓋的生命品質，是形成損傷性疼痛的重要因素。

　　綜上所述，拳友們認識到保護膝蓋的同時，必須注意方法。一要保證膝蓋不過腳尖，不過分追求「低架」；二要保證膝蓋與腳尖朝向一致，不可亂擰膝蓋。此誤區初學者尤其注意。

　　如果練拳架的過程中拳架下盤未達到正確要求，下肢在運動過程中膝關節與腳尖方向不一致，導致膝關節內兩條交叉韌帶所承受的壓力不平衡，而引起的膝關節炎，此種情況在練完拳後的感覺尤為明顯，會感到關節酸痛、酸脹。

　　練拳的時候，每個人應該根據自己的實際情況，選擇合適的拳架高度，一般來說，膝關節的受力會隨著拳架的變低而增大。所以，年輕、身體健碩、腿部有力、精神飽滿、柔韌性好的人，可以適當地放低拳架；而年齡較大、體弱、腿部缺乏鍛鍊的人，可以站得略高，待以後身體條件允許了再適當放低。對於年齡大的習練者，最好是少做或不做低架練習。

　　要注意的是，拳架的高低和步伐的大小是同步的，比如拳架高的步伐相對較小，拳架低的步伐相對較大，如果步伐過小，拳架又很低，腿部動作就很容易變形，造成膝關節損傷。

　　剛開始練拳時，要從高架開始練起，然後逐漸過渡到中架，再到低架，最後練習鋪地架。鋪地架練完了以後，再回來練低架、中架和高架，堅持這樣反覆循環的練習，就能夠促進膝關節和身體各部位的肌肉筋骨的鍛鍊，這就是基本功的練習。

　　基本功練紮實了，你的身體機能就會得到提高和改善，你就有「功夫」了。

第九節　膝關節受損以後如何進行康復訓練

一、膝關節受傷後怎麼辦

當膝關節受損之後，首先就是要避免膝關節做大幅度的動作，膝關節周邊的組織都是毛細血管、微循環特別薄弱的組織，包括韌帶、半月板軟骨組織，這些組織受傷以後，恢復起來是很慢的。

所以膝關節受傷以後，就是要確保讓膝關節得到充分的休息時間，讓受損的組織慢慢恢復。

為什麼有很多人膝關節受傷以後，很長時間都好不了呢？這是因為他們沒有讓膝關節充分休息。也就是膝關節的舊傷還沒康復，習練者在運動的時候又不注意，一動就把它再次拉傷了。如果膝關節反覆損傷，又沒有充分的休息和恢復時間，那麼恢復起來就很困難了。

正確的做法是在充分休息的基礎上，做一些功能性的恢復練習。因為膝關節一直不動也是不行的，需要透過一些緩慢的功能性訓練讓它逐步康復。

二、膝關節輔助康復鍛鍊方法

1. 太極站樁

適度地進行太極拳站樁對膝關節來說就是一種行之有效的功能性訓練。姿勢正確、運動量適度的站樁對膝關節的康復有比較好的效果。

因為站樁可以增加膝關節關節液，增強關節軟骨、肌肉和韌帶等組織的綜合力量，增強股四頭肌和膝蓋骨的功能，對膝關節起到輔助支撐的作用，這個支撐的能力越強大，對膝關節的保護就越好。所以說，站樁能夠強化膝蓋機能，促進膝關節的康復，從而提高膝關節的使用壽命。

在練習太極拳站樁的時候，要求屈膝鬆胯，是個半蹲的動作。

這個動作是非常好的，因為這個動作會輕度地刺激骨膜，這樣的刺激會增強我們的骨密度，對我們增強肌腱和骨密度有非常好的作用。（圖148）

圖 148

　　特別需要注意的是，在進行康復性站樁鍛鍊的時候，身體要避免蹲得過低，膝蓋只要稍微彎曲一點，微蹲就可以。康復性練習站樁的時間也不宜太長，保持站樁動作三到五分鐘即可。

　　鍛鍊的強度也不宜過大，可以分次練習，三五分鐘一次，練完休息一會兒，然後再練習三五分鐘，可以如此進行間接性的練習。

2. 翹小腿、勾腳尖、繃腳面

　　【鍛鍊方法】鍛鍊者坐在椅子上，將小腿自然翹起與大腿平，然後先盡力向內勾起腳尖，保持5秒鐘；隨後再把腳面向前繃直繃緊，保持5秒鐘，放鬆，放下小腿，即為一次。每小時可做50次，可雙腿同時進行鍛鍊，也可以左右腿分別鍛鍊。（圖149）

圖 149

3. 雙手膝蓋按摩

【**鍛鍊方法**】鍛鍊者坐在椅子上，雙腳平放在地面上，先把自己的雙手手掌搓熱，然後把手掌輪流放在自己的膝蓋上來回揉搓，進行自我熱敷按摩，每次做5分鐘，可重複多次。（圖150）

此方法可促進膝關節周圍的循環，促進膝關節受損組織的康復。

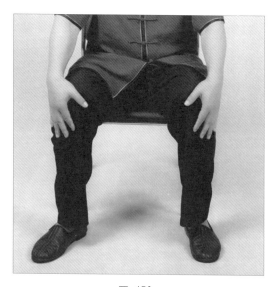

圖 150

4. 拍打膝關節

【**鍛鍊方法**】鍛鍊者坐在椅子上，雙腳平放在地面上，用自己的雙掌連續拍打膝關節兩側，每隻腿每次拍打50～100次，每天可重複拍打多次。（圖151）

此方法可以讓氣血集中到膝蓋上來，使膝蓋和腿局部溫度提高，加快膝關節的血液循環，促進膝關節受損組織的修復。

圖 151

5. 單抬腿懸空鍛鍊

【鍛鍊方法】鍛鍊者雙腿放鬆站立，緩慢抬起右腿至大腿與地面平行，再緩慢放下，重複做5～10次；然後換左腿重複這個動作5～10次。此練習每天可做多次。（圖152）

圖 152

此方法是讓膝關節在沒有壓力的情況下進行收縮舒張運動，在緩慢的運動中使膝關節的肌腱和副韌帶得到鍛鍊，提高膝關節的機能。

6. 原地慢跑鍛鍊

【**鍛鍊方法**】鍛鍊者在身體放鬆的狀態下，原地做慢跑運動，動作宜慢不宜快，幅度宜小不宜大，注意控制運動量，每次可根據自己身體狀況調整鍛鍊時間和運動量。（圖153）

圖 153

此方法是讓膝關節保持直線的前後運動，符合膝關節運動的生理功能，對膝蓋的康復鍛鍊有好處。

膝關節的好壞，不僅影響我們的運動壽命，更是直接影響我們的身體健康。祝願廣大太極拳愛好者都能夠規範地練習太極拳，科學地運動和生活，保護好自己的膝關節，充分享受太極拳的魅力。

結束語：

太極拳前輩說，習太極術，明太極理，悟太極道。這就是告誡我們要用心學拳，用心練拳，用心悟拳。太極拳的修煉是一個漸進的心悟和體悟的過程，太極拳是門藝術，也是門學問，它博大精深，內涵深邃。太極拳這本「書」，沒有紮紮實實的求學精神與長期努力，很難讀懂讀透，其中必下苦功。

當你在學練太極拳中有所感悟，並且使自己的拳技有了新的跨越和昇華，以至驚奇地發現自己的技術水準有了新的飛躍，由此帶來的愉悅是不可言喻的，這就是太極拳的樂趣，這就是太極拳的魅力所在。

我們只有認真求索，勤奮苦練，方能厚積薄發，才能體會到太極拳的真諦，從而跨入太極拳殿堂的大門。

歡迎至本公司購買書籍

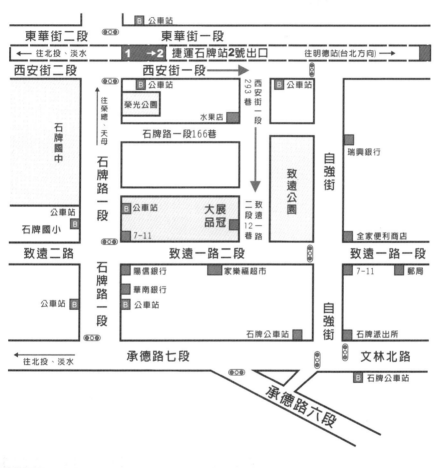

建議路線

1. 搭乘捷運‧公車

　　淡水線石牌站下車，由石牌捷運站2號出口出站(出站後靠右邊)，沿著捷運高架往台北方向走(往明德站方向)，其街名為西安街，約走100公尺(勿超過紅綠燈)，由西安街一段293巷進來(巷口有一公車站牌，站名為自強街口)，本公司位於致遠公園對面。搭公車者請於石牌站(石牌派出所)下車，走進自強街，遇致遠路口左轉，右手邊第一條巷子即為本社位置。

2. 自行開車或騎車

　　由承德路接石牌路，看到陽信銀行右轉，此條即為致遠一路二段，在遇到自強街(紅綠燈)前的巷子(致遠公園)左轉，即可看到本公司招牌。

國家圖書館出版品預行編目資料

陳氏太極拳習拳要點全解／劉勇　著
　　—初版—臺北市，大展出版社有限公司，2022 [民111.05]
　　面；21公分—（陳式太極拳；16）
　　ISBN 978-986-346-366-5 （平裝）
　　1.CST：太極拳
528.972　　　　　　　　　　　　　111003240

陳氏太極拳習拳要點全解

著　　者／劉　　勇

責任編輯／徐　俊　杰

發 行 人／蔡　森　明

出 版 者／大展出版社有限公司

社　　址／台北市北投區（石牌）致遠一路2段12巷1號

電　　話／(02) 28236031・28236033・28233123

傳　　真／(02) 28272069

郵政劃撥／01669551

網　　址／www.dah-jaan.com.tw

E-mail／service@dah-jaan.com.tw

登 記 證／局版臺業字第2171號

承 印 者／傳興印刷有限公司

裝　　訂／佳昇興業有限公司

排 版 者／千兵企業有限公司

授 權 者／山西科學技術出版社

初版1刷／2022年（民111）5月

定　價／300元

●本書若有破損、缺頁請寄回本社更換●

大展好書　好書大展

品嘗好書　冠群可期

大展好書　好書大展

品嘗好書・冠群可期